MEU NOME É JESUS

Catequese de Iniciação Eucarística I

Catequista

Coleção Deus Conosco

MEU NOME É JESUS

Catequese de Iniciação Eucarística I

Catequista

Lydia das Dores Defilippo

Lucimara Trevizan

Fausta Maria Miranda

Pe. Almerindo Silveira Barbosa

Petrópolis

© 2020, Editora Vozes Ltda.
Rua Frei Luís, 100
25689-900 Petrópolis, RJ
www.vozes.com.br
Brasil

Todos os direitos reservados. Nenhuma parte desta obra poderá ser reproduzida ou transmitida por qualquer forma e/ou quaisquer meios (eletrônico ou mecânico, incluindo fotocópia e gravação) ou arquivada em qualquer sistema ou banco de dados sem permissão escrita da editora.

CONSELHO EDITORIAL

Diretor
Gilberto Gonçalves Garcia

Editores
Aline dos Santos Carneiro
Edrian Josué Pasini
Marilac Loraine Oleniki
Welder Lancieri Marchini

Conselheiros
Francisco Morás
Ludovico Garmus
Teobaldo Heidemann
Volney J. Berkenbrock

Secretário executivo
João Batista Kreuch

Projeto gráfico e diagramação: Ana Maria Oleniki
Revisão: Licimar Porfírio
Ilustrações: João Paulo de Melo
Capa: Ana Maria Oleniki

ISBN 978-85-326-6444-0

Editado conforme o novo acordo ortográfico.

Este livro foi composto e impresso pela Editora Vozes Ltda.

SUMÁRIO

Apresentação, 7

Para você catequista, 9

Orientações metodológicas, 11

O COMEÇO DE UM NOVO TEMPO

1. Companheiros de caminhada, 18
2. A voz que fez a diferença!, 23
3. Deus nos surpreende sempre!, 27
4. Maria e Isabel: A gratuidade de Deus, 33
5. Um menino nos foi dado: Nasceu Jesus, 37
6. Celebração – Jesus, o presente de Deus!, 42
7. Jesus cresce como nós, 46

A PROPOSTA DE JESUS: O REINO DE DEUS

8. A equipe de Jesus, 52
9. Uma proposta de felicidade, 57
10. O Reino de Deus é surpreendente!, 62
11. A novidade do Reino, 67
12. No Reino de Deus há perdão, 72
13. Jesus acolhe a todos, 77
14. Fazer a vontade de Deus, 81
15. Como filhos rezamos: Pai nosso..., 85
16. Celebração – Reino de Deus: Um tesouro escondido, 90

A VIDA DE JESUS NA NOSSA VIDA

17. Amar do jeito de Jesus, 96

18. Viver a compaixão, 102

19. Aprender a partilhar, 108

20. Acolher e cuidar de todos, 112

21. Proteger e cuidar do planeta, 118

22. Crer é confiar, 125

23. Amar a vida, 130

24. Celebração – Caminhamos na estrada de Jesus!, 135

Anexos

Anexo 1 – Campanha da Fraternidade, 142

Anexo 2 – Celebração – Maria: Alegria de amar e servir!, 145

Anexo 3 – Celebração – A Palavra de Deus é luz!, 148

Anexo 4 – Celebração da Páscoa – Jesus Ressuscitou. Ele vive!, 152

Anexo 5 – Celebração de Natal – O amor veio morar entre nós!, 156

Referências, 159

APRESENTAÇÃO

A Coleção Deus Conosco oferece uma catequese a serviço da Iniciação à Vida Cristã e, portanto, atenta às grandes características da inspiração catecumenal, como nos pede a Igreja hoje. O seu foco principal é o anúncio de Jesus Cristo, num processo de amadurecimento da fé e crescimento na vida cristã.

Outra marca presente na coleção é a preocupação com uma catequese que esteja atenta à realidade do catequizando na cultura atual. Além disso, o catequizando é o grande protagonista, ou seja, o sujeito do próprio caminho. Aprende dialogando, brincando, refletindo, descobrindo o gosto bom de viver em comunidade e ser amigo de Jesus.

Destaco também que a Palavra de Deus é a grande fonte e alimento de todo o itinerário da Coleção. Os autores se preocuparam em adequar o uso dos textos bíblicos de acordo com a idade do catequizando, sem deixar de despertar para a beleza da Palavra de Deus.

Cada encontro catequético quer resgatar uma das mensagens mais preciosas do cristianismo: Deus tem fé em nós. Ele está conosco. Por isso, posso dizer que o grande objetivo dos encontros catequéticos é provocar a confiança (fé) em Deus, que não desiste de nós, apesar de nossos fracassos e fragilidades. Ele não desiste, pois até o próprio Filho nos enviou para revelar o seu amor por nós. Contagiando o catequizando com essa Boa Notícia, a Coleção quer provocar o desejo, em cada um, de ser testemunha da bondade, fraternidade, compaixão, mansidão e misericórdia de Deus.

Inês Broshuis
Catequeta. Foi assessora Nacional de Catequese e membro da Comissão Catequética do Regional Leste II – CNBB. Autora de vários livros de catequese.

Para você
CATEQUISTA

Querido Catequista,

A catequese de Iniciação Eucarística possui um itinerário organizado em dois livros: *Meu nome é Jesus* e *Venham Cear comigo*. Com este itinerário o que mais desejamos é que o catequizando conheça e ame Jesus Cristo e deseje trilhar o caminho do amor e da solidariedade, marcas do cristão no mundo.

Iniciamos no livro – *Meu nome é Jesus* – o anúncio de Jesus Cristo, rosto amoroso de Deus. Nele propomos um itinerário de fé, um jeito de apresentar Jesus num conteúdo e linguagem próprios para crianças na faixa de 9 anos. O que queremos é provocar o encontro com a pessoa de Jesus Cristo. É Ele quem nos salva e não ideias e teorias acerca dele. Por isso, é uma catequese que provoca a experiência pessoal, gradativa e processual com a pessoa de Jesus Cristo, característica mais importante de uma catequese de inspiração catecumenal, a serviço da Iniciação à Vida Cristã.

No itinerário deste livro narramos o começo de um novo tempo que é o nascimento de Jesus, presente de Deus para nós. Em seguida, apresentamos a proposta de Jesus, a sua paixão e missão que é o anúncio do Reino de Deus. E, dedicamos tempo para conhecer o que é e o que significa o Reino de Deus. E, por fim, convidamos a refletir sobre o que significa assumir a proposta de Jesus e ser seu amigo: amar, partilhar, ter compaixão, cuidar do planeta. Mas, acima de tudo, aprender a confiar, a ter fé em Jesus e a amar e cuidar da vida, como Ele fez. Aos poucos, também vamos apresentando a comunidade, onde os cristãos se reúnem e dão testemunho de Jesus.

No itinerário do próximo livro *Venham cear comigo*, continuaremos a aprofundar outros aspectos do querigma, ou seja, do anúncio de Jesus

Cristo: sua paixão, morte e ressurreição; o que significa ser Igreja; os sacramentos; o que significa seguir Jesus, o pão da vida.

Você catequista é fundamental nesse processo. Você e seu amor por Jesus e o desejo de querer contagiar os catequizandos com esse amor. Deixe-se conduzir por Aquele que, a partir do mais profundo de nós mesmos, abre um horizonte de sentido e de surpresas: Deus mesmo. Deixe que Ele, a partir dos itinerários que propomos, vá tecendo a fé em seu Filho Jesus, transformando o coração do catequizando em manjedoura. E a vida irá ganhando novo sentido e sabor.

Com carinho,

Os autores.

ORIENTAÇÕES METODOLÓGICAS

1. Características da Coleção Deus Conosco que são de inspiração catecumenal:

▷ Propõe uma catequese querigmática e mistagógica, proporcionando o encontro com Jesus Cristo, num processo de iniciação à vida cristã.

▷ A Palavra de Deus ocupa lugar central e é a grande fonte dos encontros catequéticos.

▷ Leva em conta o desenvolvimento da experiência de fé do catequizando em cada faixa etária.

▷ Proporciona um processo interativo em que o catequizando faz o caminho, nos passos de Jesus. O catequizando é, então, sujeito do processo iniciático.

▷ Inicia o catequizando na vivência celebrativa da fé. Gradativamente o catequizando vai descobrindo o amor de Deus em sua vida, aprendendo a se relacionar intimamente com Ele e a celebrar a sua fé em comunidade.

▷ A criatividade, o clima de alegria, de participação, oração e celebração marcam os encontros catequéticos que são propostos.

▷ Leva a descoberta da vida em comunidade e o engajamento em ações concretas.

▷ Proporciona a experiência de fé, de confiança no Deus que está conosco nos caminhos da vida.

▷ Propõe o envolvimento das famílias durante todo o caminho catequético.

▷ Leva a um compromisso com a transformação da realidade.

2. O ENCONTRO DE CATEQUESE

A catequese é o lugar de encontro do catequizando com ele mesmo, com Deus, com a comunidade cristã e com o próprio grupo de amigos. A coleção propõe o desenvolvimento do encontro com os seguintes elementos:

Objetivos do encontro	Material necessário	Preparação do ambiente
O que se deseja proporcionar com o conteúdo do encontro.	Indicação de materiais, dinâmicas, músicas, vídeos, filmes.	Orientação sobre como organizar o espaço do encontro.

PASSOS DO ENCONTRO

➡ **OLHAR A NOSSA VIDA**

Propõe uma reflexão que desencadeia o levantamento das experiências do grupo a respeito do assunto a ser conversado. É o momento do VER e acolher a vida do catequizando. O catequista provoca a conversa, tira do grupo o que pensa, vive ou viveu e o que sabe, a respeito do tema proposto para o encontro. Isso pode ser feito de diversas maneiras, através de dinâmicas, trabalho em grupo e outros. Se não levarmos em conta a experiência do catequizando, a mensagem cristã não os atinge, nem é assimilada.

➡ **ILUMINAR A NOSSA VIDA**

Busca-se discernir e compreender a realidade à luz da Palavra de Deus. É o momento de realizar o confronto entre a experiência constatada e vivida com a Mensagem cristã. É o momento do aprofundamento do conteúdo da mensagem cristã, do tema do encontro.

➡ **NOSSO COMPROMISSO**

O grupo de catequizandos, com a ajuda do catequista, verifica o que precisa mudar no jeito de ser, de pensar, de agir, a partir do que foi refletido no encontro catequético, à luz da Palavra de Deus. Será possível assumir compromissos de mudança de acordo com a faixa etária. É o passo concreto para colaborar na mudança da realidade. A catequese é, sobretudo, uma vivência. A mensagem cristã que ela anuncia é para ser vivida.

➡ **CELEBRAR O NOSSO ENCONTRO**

É o tempo do diálogo com Deus, de celebrar a vida e a fé: o que o grupo e cada um dos catequizandos têm a dizer a Deus a partir do que está vivendo e do que descobriu e refletiu no encontro. O grupo será mobilizado a ter atitudes de agradecimento, perdão, louvor, silêncio. São sugeridos o uso de símbolos, gestos e bênçãos.

➡ **NO LIVRO DO CATEQUIZANDO**

O livro do catequizando propõe atividades que ajudam a aprofundar o conteúdo do encontro. O catequista verifica o que poderá ser feito durante o encontro e/ou em casa. Mas, precisará acompanhar o que for sendo realizado pelo catequizando.

➡ **NA NOSSA FAMÍLIA**

Motiva o envolvimento da família nas descobertas e reflexões propostas no encontro catequético.

➡ **OS ANEXOS**

Os anexos abordam temáticas complementares ao conteúdo proposto pelo itinerário de cada livro. Optou-se por apresentá-las como anexos, para que cada catequista as inclua no tempo adequado, adaptando-as de acordo com a realidade local.

➡ AS CELEBRAÇÕES

Além de o encontro catequético conduzir ao momento orante e celebrativo, o itinerário proposto em cada livro da coleção levará o catequizando a celebrar cada passo dado no caminho. Cada celebração também se encontra no livro do catequizando para facilitar a preparação e seu envolvimento.

Algumas "Dicas" Importantes

- A coleção Deus Conosco é um instrumento para o processo catequético de iniciação à vida cristã. Cabe a cada catequista adaptar as propostas dos encontros à sua realidade.

- É preciso sempre insistir num jeito (método) participativo, provocando o envolvimento dos catequizandos e o gosto pelo diálogo. Saber conduzir a conversa, o diálogo é fundamental num encontro. O segredo do encontro é o diálogo. É saber lidar com os sonhos, as dores, as alegrias, os vazios, as esperanças e as decepções de cada um. Num verdadeiro encontro não há perdedores e nem vencedores, mas a delicada arte da participação, do envolvimento. O catequista é a pessoa que provoca a "revelação" de cada um.

- O ritmo de caminhada do grupo de catequizandos precisa ser respeitado. Portanto, se ocorrer de terminar o tempo de encontro, por exemplo, no momento de "iluminar o nosso encontro", aprofundam-se os passos seguintes na próxima semana. Não pode haver pressa em passar para o próximo momento do encontro ou conteúdo do livro.

- O como apresentar o conteúdo, também é conteúdo. Tudo é importante: a acolhida, a maneira com que provocamos a participação, acolhemos as opiniões diferentes, corrigimos os desvios, rezamos etc.

- O catequista é testemunho de amor na vida de cada um dos catequizandos. Por isso, evita brincadeiras e músicas que "infantilizam", ridicularizam ou provocam competição. Trata a cada um com igualdade, não se considera superior a ninguém. Acolhe a todos com muito carinho e amor.

- O encontro catequético precisa ser preparado pelo catequista com antecedência. Desafiados pela cultura atual, os encontros propostos nos livros da coleção apresentam, pelo menos, três cuidados:
  - A música está presente em todos os encontros.
  - O encontro proposto conduzirá a "produção" de reflexão, de debates, de painéis etc. Considera-se o catequizando como alguém capaz de gerar novo jeito de ser e viver.
  - O uso de vídeos, gravuras, filmes e pinturas é sugerido, pois a cultura atual é a da imagem.

Recursos utilizados nos encontros

Os encontros propõem o uso de recursos atuais que ajudam no processo de iniciação, como filmes, músicas religiosas, música popular brasileira, poemas, fotos, gravuras, pinturas, cartazes, encenações e outros. O catequista, na medida do possível, providencia o que for pedido e faz as adaptações necessárias à realidade. Isto será importante para a dinamização dos passos do encontro. Tudo isso misturado com muito amor, amizade, paciência e sabedoria.

Sobre a linguagem

Optamos por uma linguagem mais existencial, direta e objetiva, que traga sentido para a vida. A escrita de cada encontro já é a narrativa do diálogo do catequista com o grupo de catequizandos. Necessitando, evidentemente, das adaptações à realidade de cada comunidade e catequizandos.

O maior desejo é que esse itinerário proposto pela Coleção Deus Conosco provoque a vivência do Amor e, assim, promova o encontro com aquele que é a verdadeira Alegria da nossa vida, Deus mesmo. Diz a Primeira Carta de São João: "Caríssimos, amemo-nos uns aos outros, porque o amor vem de Deus e todo aquele que ama nasceu de Deus e conhece Deus. Quem não ama não chegou a conhecer Deus, pois Deus é amor" (1Jo 4,7-8).

O caminho é Jesus Cristo. Foi Jesus quem nos revelou o amor de Deus. Crer em Jesus, o enviado do Pai, e viver o amor entre nós, já é experimentar vida plena e feliz. A verdadeira vida brota do amor e é "eterna". Amar é viver e fazer viver.

Todo esforço e empenho empreendido no itinerário catequético vale a pena pela alegria de ver alguém "que nasceu de novo", que se apaixonou por Jesus Cristo e sua proposta e aprendeu a ver o mundo com outro olhar.

Com desejos de alegria na missão, receba nosso abraço,

Os autores

O começo de um

1 Companheiros de caminhada

Um amigo ama em qualquer tempo. (Pr 17,17a)

Objetivos do encontro

- Reconhecer a importância de ser companheiro de caminhada e de ter ao seu lado alguém que o apoia e participa dos mesmos sonhos.

- Perceber que nos completamos uns com os outros, que ensinamos e aprendemos com nossos companheiros.

> Ao final deste encontro, o catequizando deverá descobrir que um amigo e companheiro nos enriquece com seu apoio, incentivo e presença na caminhada e que este companheirismo é uma via de mão dupla, pois o mesmo oferecemos a ele.

Material necessário

- Fichas para serem distribuídas aos catequizandos, em quantidade igual ao número de participantes (cada um deverá receber apenas uma ficha e não deverá sobrar nenhuma), sendo que os dizeres de uma ficha deverá ser completado pelos dizeres da outra. Colocar em uma sacola não transparente, para que os catequizandos retirem uma ficha.

Exemplos:

1. Eu sou um relógio sem ponteiros.
   Eu sou os ponteiros do seu relógio.

2. Eu sou uma mão sem dedos.
   Eu sou os dedos da sua mão.

3. Eu sou uma noite sem estrelas.
   Eu sou as estrelas da sua noite.

4. Eu sou um corpo sem calor.
   Eu sou o calor do seu corpo.

5. Eu sou um dia sem alegria.
   Eu sou a alegria do seu dia.

6. Eu sou um jardim sem flores.
   Eu sou as fores do seu jardim.

7. Eu sou um Natal sem peru.
Eu sou o peru do seu Natal.
8. Eu sou um sabão sem espuma.
Eu sou a espuma do seu sabão.
9. Eu sou um pé sem sapatos.
Eu sou o sapato do seu pé.
10. Eu sou uma orelha sem brinco.
Eu sou o brinco da sua orelha.
11. Eu sou uma caneta sem tinta.
Eu sou a tinta da sua caneta.
12. Eu sou um carro sem gasolina.
Eu sou a gasolina do seu carro.
13. Eu sou uma flor sem perfume.
Eu sou o perfume da sua flor.
14. Eu sou uma comida sem gosto.
Eu sou o gosto da sua comida.
15. Eu sou uma mala sem alça.
Eu sou a alça da sua mala.
16. Eu sou um aquário sem peixe.
Eu sou o peixe do seu aquário.
17. Eu sou um dedo sem unha.
Eu sou a unha do eu dedo.
18. Eu sou um olho sem brilho.
Eu sou um brilho do seu olho.

OBSERVAÇÃO
Podem ser escolhidos outros pares para a dinâmica.

Providenciar as músicas:

- "Como é bom nos encontrar" (CD Sementinha 4 – Paulinas-Comep).
- "Eu tenho um amigo que me ama" (CD Canções para orar – Paulinas-Comep).

Ambas podem ser encontradas na internet. Se possível providenciar para que todos tenham acesso à letra para cantar (cartaz, Datashow, impressão...).

Preparação do ambiente

- Vela acesa, flores, Bíblia.
- Colocar sobre uma mesa uma toalha de uma cor neutra que destaque os objetos sobre ela.
- Objetos aos pares: Luvas, brincos, meias, fones de ouvido e outros.
- Cadeiras dispostas em semicírculo em frente à mesa.

PASSOS DO ENCONTRO

➡ OLHAR A NOSSA VIDA

Acolher com alegria os catequizandos e iniciar com a música: *Como é bom nos encontrar.*

Comentar: De que esta música nos fala? (Ouvir.) Sim, ela trata da alegria do encontro com os amigos e companheiros. Como sabemos que alguém é nosso companheiro? (Ouvir.)

Motivar a participar da dinâmica que irá propor para ajudá-los a melhor entender o que é ser companheiro. Mostrar a sacola e orientar que dela cada um irá retirar uma ficha, sem deixar que os colegas vejam.

Explicar que cada ficha é complementada por outra que está com um colega. Orientar para que um de cada vez, seguindo a numeração, leia a sua ficha. Quem estiver com a ficha que completa o que falta na ficha de quem leu, deverá ler a frase e sentar-se ao lado de seu par. Os outros vão cedendo seus lugares, para que os pares se assentem juntos. (Ajudar na primeira vez. Depois, dar sequência à numeração.)

➡ ILUMINAR A NOSSA VIDA

Esta dinâmica nos mostra que alguns objetos precisam de partes que os completem. Por exemplo, imaginem como é sem graça um sabão sem espuma; como é inútil um aquário sem peixes... Assim, podemos verificar que também as pessoas se completam. Como podemos nos completar? (Ouvir.)

Nós nos completamos porque somos diferentes, temos dons e habilidades diferentes. Alguém sabe desenhar, outro sabe escrever – um escreve e o outro ilustra; um é mais ansioso, outro calmo – este acalma o ansioso. Assim, juntando os dons e habilidades uns dos outros, nos tornamos companheiros. Companheiros são amigos que caminham juntos: partilham alegrias e tristezas, vitórias e fracassos, esperanças e dúvidas. O nosso grupo de catequese é um grupo de companheiros de caminhada. Para onde estamos caminhando juntos? (Ouvir.)

Queremos caminhar nos passos de Jesus para conhecê-lo melhor e aprender a amá-lo como Ele nos ama. Jesus é, então, o nosso companheiro especial de caminhada. Na Bíblia tem uma frase que fala assim: "Um amigo ama em qualquer tempo..." (Pr 17,17a). É assim o olhar de Jesus para conosco, Ele nos ama sempre.

➡ NOSSO COMPROMISSO

Para que possamos conviver bem, mesmo como amigos, é preciso ter alguns cuidados. Para que o nosso grupo de companheiros e amigos, aqui na catequese, seja duradouro e feliz vamos propor alguns cuidados que precisamos ter. Ajudar os catequizandos a construírem uma lista de cuidados uns para com os outros. Por exemplo:

1. Ser fiel e sincero sempre.
2. Ser atencioso e gentil com todos.
3. Estar sempre pronto a perdoar.
4. Saber escutar.
5. Ajudar a quem precisar.
6. ...

➡ CELEBRAR O NOSSO ENCONTRO

Somos um grupo de companheiros e existe alguém que se fez nosso companheiro também: Jesus Cristo. Precisamos aprender, com Ele, a sermos bons companheiros uns dos outros.

1. Jesus nos aceita como somos, com nossos defeitos e qualidades.

Todos: Jesus, queremos ser teus companheiros de caminhada!

2. Jesus se faz presente nos momentos de tristeza e nos consola com carinho.

Todos: Jesus, queremos ser teus companheiros de caminhada!

3. Jesus é companheiro sempre fiel, nele podemos confiar.

Todos: Jesus, queremos ser teus companheiros de caminhada!

4. Jesus está sempre pronto a nos escutar.

Todos: Jesus, queremos ser teus companheiros de caminhada!

Música: *Eu tenho um amigo que me ama* (CD Canções para orar – Paulinas-Comep).

➡ **NO LIVRO DO CATEQUIZANDO**

- Orientar as atividades do livro.
- A atividade nº 3 poderá ser realizada em pequenos grupos.

➡ **NA NOSSA FAMÍLIA**

- Motivar para que conversem sobre o encontro com seus familiares contando sobre como as coisas e pessoas se complementam e como precisamos uns dos outros.
- Incentivar para que busquem junto à família e amigos sugestões de um nome para seu grupo da catequese.
- No próximo encontro cada um apresentará as sugestões recebidas para escolherem juntos o nome que o grupo mais gostar.

2   A voz que fez a diferença!

Alguém está gritando no deserto: Preparem o caminho para o Senhor passar! Abram estradas retas para Ele. (Cf. Mc 1,3)

Objetivos do encontro

- Reconhecer que podemos ser mensageiros de boas notícias, de palavras que despertem o amor e a esperança.

- Compreender que somos chamados a ser voz que anuncia a presença de Deus e o seu amor por nós neste mundo tão sedento de palavras boas.

Ao final deste encontro, o catequizando precisa compreender que podemos fazer a diferença neste mundo, anunciando a presença de Deus e seu amor, sendo portadores de notícias boas, que semeiam alegria e esperança na vida das pessoas.

Material necessário

- Música de São João (CD Sementinha 1 e 2). Esta música pode ser encontrada na internet. Poderá selecionar outra música de sua preferência e de seu grupo.

- Colocar ao redor da Bíblia, faixas frases como: "Você é especial!", "A vida é bonita!", "Obrigada por sua amizade!", "Que bom que você existe!", "Jesus é o melhor amigo!", "Jesus ama você!" e outras.

Preparação do ambiente

- Numa mesa com toalha colocar flores, Bíblia aberta, vela acesa.
- Dispor as cadeiras em semicírculo, frente à mesa.

PASSOS DO ENCONTRO

➡ OLHAR A NOSSA VIDA

No encontro passado, pedi a vocês para pensar em um nome para o nosso grupo. Trouxeram alguma sugestão? (Ouvir e anotar os nomes propostos.)

Fazer a escolha do nome, como julgar melhor.

Perguntar: Como foi a semana de vocês? Aconteceu alguma coisa interessante? (Ouvir.)

Comentar: Hoje vamos falar de notícias que recebemos ou damos. Como ficamos sabendo das coisas que acontecem? Como as notícias se espalham? (Ouvir e completar.)

Ficamos sabendo das notícias pelos jornais, tv, Facebook e WhatsApp, não é? E as notícias são boas ou ruins? Vocês têm pressa em compartilhar? (Ouvir.)

Precisamos ter muito cuidado com as notícias que compartilhamos. Más notícias podem causar tristeza, ofensa, mágoa e sofrimento a quem está de alguma forma, ligado a elas. Além de que muitas notícias são mentirosas, não podemos acreditar em tudo que recebemos no Facebook e no WhatsApp, e mesmo nas notícias de jornais. Pessoas más podem usar as notícias para levar vantagem ou prejudicar alguém. Precisamos aprender a compartilhar somente as notícias verdadeiras e boas, que trazem alegria e conforto às pessoas, informações corretas. Hoje, as notícias chegam bem rápidas para nós e nem todas são sérias e responsáveis com o que anunciam.

➡ ILUMINAR A NOSSA VIDA

Há um personagem na Bíblia muito interessante e provocador: seu nome é João.

Com a Bíblia na mão ler pausadamente Mc 1,2-8.

Como vimos, a Bíblia fala dele assim: "Alguém está gritando no deserto: Preparem o caminho para o Senhor passar! Abram estradas retas para Ele"(cf. Mc 1,3).

João é um mensageiro, anuncia uma boa notícia: o Senhor virá, é preciso estar atentos e mudar de vida. João convocava a todos a se batizarem nas águas do rio Jordão, como sinal de que queriam se voltar para Deus. Enérgico e corajoso, ele denunciava os erros e injustiças praticadas pelo rei, pelos sacerdotes e pelo povo. João foi muito importante para preparar a chegada de Jesus. Depois, ele mesmo batizou Jesus. E, porque batizava, recebeu o nome de João Batista. Seu nascimento é comemorado no dia 24 de junho e seu nome significa "Deus abençoou".

Há vozes que nos tocam, sempre deixando uma mensagem ou lembrança importantes. Existem vozes que podem mudar a vida, comunicando, entusiasmo, cuidado, o modo como é possível ajudar e amar o próximo, e há vozes que magoam, dizem palavras ofensivas, preconceituosas. As palavras conseguem criar pontes, chegando a lugares jamais imaginados e unem as pessoas, aproximam as diferenças, geram respeito. O que as pessoas escutam de nós, hoje? Nossa voz chega ao coração das pessoas, levando consolo, inspiração, respeito, valorização pelo que são, amor e esperança? (Ouvir.)

João Batista foi uma voz que fez a diferença, que preparou o caminho para a chegada do Messias, que é Jesus. Por isso, ao longo dos séculos, a voz dele continua ressoando com intensidade, despertando-nos para uma atitude de acolhida a Deus que quer fazer morada entre nós. Como João Batista, nós hoje somos chamados a ser voz que anuncia a presença de Deus e o seu amor por nós, neste mundo tão sedento de palavras boas. Também podemos ser portadores de boas notícias para as pessoas. Como podemos fazer isso? (Ouvir.) O cristão é chamado a ser a voz de Deus onde se encontra. E assim, como João Batista, preparar o caminho para o verdadeiro Enviado de Deus: Jesus de Nazaré.

Música: São João (CD Sementinha 1 e 2).

➡ NOSSO COMPROMISSO

Vimos que as notícias chegam até nós de diversas formas. O que vamos fazer com estas notícias é decisão nossa. Quando recebemos uma notícia, queremos logo compartilhá-la.

Queria propor a vocês um compromisso, a partir de hoje. Vamos compartilhar somente as notícias boas, palavras de conforto e amizade. As notícias más, que recebermos, ficarão somente para nós. Vocês topam? (Ouvir.)

Outra proposta: telefone para uma pessoa que há muito tempo você não vê, com quem não conversa. Pode ser alguém da família ou um amigo, alguém que está precisando de uma palavra boa e amiga. Você verá o quanto uma palavra boa faz a diferença.

➡ **CELEBRAR O NOSSO ENCONTRO**

Vamos fazer um círculo ao redor da Bíblia. Levantando a mão direita sobre ela, digamos juntos: **Senhor, que nossa vida se converta em tua Palavra, em Evangelho, em boa notícia!**

A Bíblia irá passar de mão em mão e você irá dizer: **Senhor, faça de minha vida boa notícia!**

Agora rezemos juntos:

> *Senhor Jesus, Palavra de Deus que entre nós veio morar, faz da nossa vida eco da Tua Palavra de amor em nossas famílias, comunidades, escola e sociedade. Amém!*

➡ **NO LIVRO DO CATEQUIZANDO**

- Realizar as atividades sugeridas.

➡ **NA NOSSA FAMÍLIA**

- Durante a semana, lembre-se de dizer uma palavra boa para os membros de sua família. Lembre-se também do compromisso de dar um telefonema para algum amigo ou familiar que faz tempo você não encontra.

3   Deus nos surpreende sempre!

Não tenhas medo, Maria, porque encontraste graça diante de Deus. (Lc 1,30)

Objetivos do encontro

- Compreender que o "sim" de Maria a Deus possibilitou que Jesus, o Filho amado de Deus, pudesse nascer.
- Compreender que o sim de Maria nos ensina o que é ter confiança em Deus.
- Perceber que Deus também espera nosso sim, conta conosco.

> Este encontro deverá ajudar o catequizando a tornar-se disponível e aberto aos apelos de Deus em sua vida. Deus espera, sobretudo, nosso sim a seu amor. Mas, nossa vida é fruto de muitos "sins" que são dados a todo momento.

Material necessário

- Uma caixinha de surpresa: enfeitar uma caixinha, como se fosse um presente. Amarrar com uma fita depois de colar um chocolate ou bombom dentro dela. Deixar uma ordem escrita: COMA-ME.
- Fazer uma faixa com a expressão: O nome JESUS quer dizer "DEUS SALVA".
- Escolher os leitores para a leitura dialogada do Evangelho proposto.
- Providenciar a música "Me empresta o teu coração" (CD Deus é Bonito – Pe. Zezinho), que também pode ser encontrada na internet.
- Tiras de papéis em branco para o catequizando escrever.
- Escolher quais catequizandos irão fazer as preces no momento de celebrar o encontro.

Preparação do ambiente

- Imagem de Nossa Senhora (sem o Menino Jesus), flores, Bíblia aberta, vela acesa. Se não for possível conseguir a imagem, sugere-se usar uma figura da anunciação a Maria (ver livro do catequizando).
- Colocar tudo sobre uma mesa com toalha como se fosse um altar.
- Organizar as cadeiras em círculo ao redor da mesa.

PASSOS DO ENCONTRO

➡ **OLHAR A NOSSA VIDA**

Vamos iniciar, hoje, com uma brincadeira. Tenho aqui uma caixa surpresa. Dentro dela tem uma ordem para quem abri-la. Esta ordem tem que ser cumprida, exatamente como está. Vou colocar uma música, enquanto a caixa vai passar de mão em mão. Quando a música parar, a quem estiver com a caixa, eu vou fazer uma pergunta, antes de abri-la. Vamos começar? (Colocar a música e começar a brincadeira.)

Quando a música parar, o catequista deverá perguntar a quem estiver com a caixa na mão: "Você quer abrir a caixa, ou passá-la para frente? Se abrir terá que cumprir a ordem que está dentro dela".

Fazer a pergunta, empregando um tom de medo, para que o catequizando não queira abri-la. Continuar a brincadeira até que alguém tenha coragem de abrir a caixa. Após algum tempo, se ninguém tiver coragem e abrir a caixa, mostrar o que tem dentro dela que, de qualquer modo será uma surpresa para todos.

- Vocês gostam de receber surpresas? (Ouvir.) Quando a surpresa é agradável, é muito bom recebê-la, não é? Quem se lembra de uma surpresa agradável recebida e gostaria de contar para todos? (Ouvir). Uma vez, Deus fez uma surpresa a Maria, mãe de Jesus. É o que vamos conhecer agora: a surpresa de Maria.

➡ **ILUMINAR A NOSSA VIDA**

Orientar os catequizandos para fazer leitura dialogada de Lc 1,26-38 (o texto está na sequência e no livro do catequizando), dividindo as falas e solicitando para que procurem observar tudo o que aconteceu e o modo como Deus surpreendeu Maria.

Deus surpreende Maria

Narrador: No sexto mês da gravidez de Isabel, Deus enviou o anjo Gabriel a uma cidade da Galileia chamada Nazaré. O anjo tinha um recado para uma virgem, que ia se casar com um certo homem, chamado José, descendente do Rei Davi. O nome da jovem era Maria. Então, o anjo disse:

Anjo: Alegre-se, Maria! Você recebeu um grande presente de Deus! O Senhor está com você!

Narrador: Maria ficou sem saber o que fazer por causa da saudação do anjo. E, admirada, ficou pensando no que ele queria dizer. Então, o anjo continuou:

Anjo: Deus está contente com você. Não tenha medo, Maria. Você vai ficar grávida e dará à luz um filho e vai chamá-lo de Jesus. Ele vai ser um grande homem e será chamado o Filho de Deus.

Maria: Como é que vai ser isso, se eu não conheço homem algum?

Anjo: O Espírito Santo virá sobre você e o poder de Deus estará em você. Por isso, o menino será chamado o Filho de Deus. Lembre-se de sua parente Isabel. Diziam que ela não podia ter filhos. Porém, agora, está grávida de seis meses, embora seja tão idosa. Porque, para Deus, nada é impossível.

Maria: Sou a serva do Senhor. Que aconteça comigo o que Deus quer.

Após a leitura, questionar:

- Qual foi a surpresa que Deus fez a Maria? (Ouvir.)
- Deus escolheu Maria para ser a mãe de Jesus, o seu Filho amado. Que resposta Maria deu a Deus? (Ouvir.)

Para que Jesus pudesse nascer, para que o salvador do mundo pudesse viver entre nós, faltava o Sim de Maria. Tudo começou com um "sim". O "sim" de Maria em sua casa de Nazaré. Maria escuta o chamado de Deus, deixa-se surpreender por Ele, vence o medo, questiona e então responde "sim". Ela é mulher de fé que nos inspira a viver com fé, com confiança em Deus e a amar o seu Filho querido: o menino Jesus. O anjo Gabriel revela a Maria que ela é "cheia de graça", ou seja, amada para sempre. Ele também anuncia a cada um de nós que também somos amados, somos cheios de graça. Cada um é amado por Deus pra sempre.

Também a nós Deus surpreende! É preciso estar atentos para percebermos o que Ele quer de nós. Deus nos ama e também espera o nosso "sim", sim ao seu amor, a sua amizade e a alguma missão especial que Ele deseja de nós. Ele quis que Maria fosse a mãe do Salvador, mas de nós pode ser que queira alguma ajuda, por exemplo, para melhorar a nossa realidade (escolar, familiar, na catequese), o mundo, dentro das nossas possibilidades.

Nós também somos frutos de um sim. Basta olhar na história da nossa família. Se o vovô e a vovó não tivessem dito "sim" um ao outro, nossos pais não teriam nascido e a gente não existia. Também com nossos pais, se não tivessem dito sim ao amor que os uniu, nós não teríamos nascido. Se os professores não dissessem "sim" à sua vocação de ensinar, não teríamos escolas. Todos os dias o padeiro diz "sim" à sua profissão, ele escolhe todo dia fazer pão e assim podemos tomar café com pão quentinho. Todos os dias o lavrador diz sim à sua missão de arar a terra e plantar as sementes... assim podemos ter uma variedade enorme de frutas e outros tipos de alimentos. Para que a vida seja possível, todos os dias é preciso dizer sim a várias coisas e não a outras. Enfim, podemos dizer que todos os dias por meio do "sim" de muita gente nossa vida torna-se possível. E por meio do nosso sim Deus pode agir no mundo.

- O anjo disse que nome Maria deveria dar a seu filho? (Ouvir.) Alguém sabe o significado do nome JESUS? (Ouvir.)

O nome JESUS quer dizer "DEUS SALVA". (Apresentar a faixa.) Jesus seria o Salvador, prometido por Deus, ao povo da Bíblia. Eles o esperaram por um longo tempo. Nós vamos conhecer melhor essa pessoa, através da qual Deus salva seu povo e a nós. Em cada encontro vamos conhecer Jesus um pouco mais e descobrir como Ele se tornou a maior revelação do amor de Deus e da salvação de todos os homens. Vamos pedir a Maria que nos ensine a amar Jesus, como ela o amou.

Música: Me empresta o teu coração (CD Deus é Bonito – Pe. Zezinho).

➡ NOSSO COMPROMISSO

Os anjos são mensageiros da Boa Notícia de Deus. Podemos também ser anjos de bondade, cuidado, amizade, carinho, ternura e solidariedade na vida das pessoas, na nossa família, com nossos amigos, na nossa comunidade. Podemos ser mensageiros de Boa Notícia por meio de um abraço gostoso que damos, de um olhar bom para quem encontramos em casa ou na rua, de uma palavra de carinho a um amigo. As pessoas têm sede de palavras, de gestos que lhes digam o quanto são amadas por Deus.

Deus também nos envia mensagens por meio das pessoas. Na palavra de um amigo que nos faz pensar, na mão que segura a nossa mão, nos olhos de quem nos ouve em silêncio, no sorriso que faz o nosso sorriso acontecer. Todos os conselhos bons, os convites para fazer o bem, são mensagens de Deus para nós. É preciso prestar atenção. Deus envia mensageiros de amor todo dia.

Em silêncio, reflita um pouquinho sobre o sim que Deus espera de você.

(Distribuir as tiras de papéis em branco.)

Vamos escrever nestes papéis em branco que "sim" você já pode dizer a Deus. Por exemplo, eu vou escrever que quero continuar sendo catequista de vocês. Então digo "sim" ao chamado de Deus para que eu seja catequista. E você? Qual é o sim que Deus espera de você?

(Dar tempo suficiente ao grupo.)

➡ CELEBRAR O NOSSO ENCONTRO

Em círculo, ao redor da imagem de Maria vamos colocar nossos "sins", nossos bilhetinhos a Deus. Ao colocar seu "sim" diga: **Maria, mãe de Jesus, ensina-me a dizer Sim a Deus.**

(Dar tempo suficiente para que cada um leia o que escreveu e coloque ao redor da imagem.)

Maria estava sempre atenta aos chamados de Deus. Assim como ela é preciso que estejamos atentos para ouvir os convites que Deus nos faz, através da sua Palavra, através da natureza e através das pessoas.

Após cada frase que expresse os convites que Deus nos faz digamos:

Todos: Maria, mãe de Jesus, ensina-nos a dizer Sim a Deus.

1. Para sermos carinhosos e prestativos com nosso pai, nossa mãe, nossa família toda.
2. Para ajudar nossos amigos, colegas, professores e outras pessoas, que nem conhecemos, quando precisam de nós.
3. Para consolar os que sofrem, estão doentes, ou de luto, visitando--os nesses momentos difíceis.
4. Para dizer sempre a verdade, mesmo que ela nos traga algum castigo.
5. Para sermos atenciosos e pacientes com a vovó, o vovô e a todos os idosos.
6. A mostrar que O amamos, através do amor que oferecemos a cada pessoa que encontramos.
7. Para cuidar da natureza, grande presente seu a todos nós.

Ave Maria...

Recolher os papéis com os "sins" dos catequizandos, colar num cartaz e fixar no local do encontro de catequese.

➡ **NO LIVRO DO CATEQUIZANDO**

- Orientar as atividades do livro.

➡ **NA NOSSA FAMÍLIA**

- Contar, em casa, que o nome Jesus significa "Deus Salva".
- Pesquisar o significado de seu nome (se o catequizando não sabe) e qual foi a razão dos pais terem feito esta escolha. Trazer no próximo encontro.

4   Maria e Isabel: A gratuidade de Deus

*Quando Isabel ouviu a saudação de Maria,
a criança pulou no seu ventre. (Lc 1,41)*

Objetivos do encontro

- Aprender a oferecer ajuda a quem precisa, gratuitamente, sem esperar o pedido de ajuda.
- Refletir sobre a alegria de estar a serviço uns dos outros a exemplo de Maria.

Este encontro deverá motivar o catequizando a doar-se mais aos outros, numa convivência fraterna e solidária, descobrindo a alegria da ajuda mútua.

Material necessário

- Flores naturais.
- Cena do encontro de Maria com Isabel (pode ser encontrada na internet).
- Uma faixa com a palavra APRESSADAMENTE.
- Providenciar a música "Fazer um bem" (Bia Bedran). Ela pode ser encontrada na internet. Verificar o melhor meio para que todos possam ouvi-la (pelo celular, no notebook). Importante os catequizandos terem acesso à letra da música, seja num cartaz, projeção em Datashow ou outra forma.

Preparação do ambiente

- Colocar numa mesa forrada com toalha, as flores, Bíblia aberta, vela acesa. Se for possível uma imagem (figura), que mostre o encontro de Maria e Isabel.
- Arrumar as cadeiras em círculo.

PASSOS DO ENCONTRO

➡ OLHAR A NOSSA VIDA

No encontro passado, foi pedido a vocês, que procurassem saber o significado de seu nome. Alguém descobriu? (Ouvir.) O catequista deverá levar, também o significado de seu nome. Deixar cada catequizando falar o seu.

Há muitas pessoas com nomes iguais, mas cada um atribui ao seu nome as suas características pessoais e desenvolve os seus dons de maneiras diferentes. Estes dons poderão estar a serviço das pessoas, fazendo um bem.

Nós vamos ouvir atentamente a música "Fazer o Bem", de Bia Bedran. Vamos prestar atenção na letra da música. Após ouvir a música comentar: do que esta música está falando? (Ouvir.)

A música fala que precisamos fazer um bem, mesmo pequeno, qualquer bem. Ocupar todos os espaços do mal com o bem, sabendo o quanto é grande fazer até um pequeno bem... (Comentar outras partes da letra e cantar novamente a música.)

Podemos fazer com que nossa vida seja um "bem" na vida do outro. Também fazer um bem ao planeta, a quem está precisando e também a nós mesmos. Isso é bom, é belo. Doar-se sem esperar nada em troca, gratuitamente, é alegria. Isso muda o mundo e a nossa vida.

➡ ILUMINAR A NOSSA VIDA

Vocês se lembram do nosso último encontro sobre Maria? Maria deu um "sim" a Deus, aceitou ser a Mãe de Jesus e soube que sua prima Isabel também estava esperando um filho. Isabel já tinha mais idade. E sabem o que Maria pensou? "Isabel está com mais idade para ter um filho, precisa de ajuda e de muitos cuidados na gravidez... E vai ser muito bom eu poder contar para ela que também vou ter um filho". E Maria tomou uma decisão. Qual foi? É o que vamos descobrir agora.

📖 Com a Bíblia na mão narrar o Evangelho de Lucas 1,39-45, como proposto na sequência.

> Maria foi visitar sua prima Isabel, mulher de Zacarias. Quando Isabel ouviu a saudação de Maria, sentiu a criança se mexer na barriga dela. E disse a Maria: "Você é a mais abençoada de todas as mulheres Maria e essa criança que espera é também a mais abençoada. Quem sou eu, para que a mãe do meu Senhor venha me visitar? Você é feliz em acreditar que vai acontecer o que o Senhor lhe disse". E Maria ficou, mais ou menos três meses, com Isabel e depois voltou para casa.

O texto diz que Maria foi APRESSADAMENTE (mostrar a ficha), para ajudar Isabel, logo que o anjo deu a notícia da gravidez dela. A ajuda tem que ser rápida, quando a pessoa está precisando.

Quando Deus entra e atua na nossa vida, move-nos para irmos "apressadamente" ao encontro dos outros, para servi-los nas suas necessidades, para comunicar a alegria pela salvação recebida e alegrar-nos com eles pelas graças que receberam. Num mundo marcado pelo consumo excessivo, pelo possuir, pelo ter, pela escravidão das coisas, a visita de Maria a Isabel exalta a alegria do partilhar, do acolher, do admirar, da felicidade, da gratuidade, da doação.

Maria faz-se missionária, vai ao encontro de Isabel, faz-se servidora da Palavra de Deus. Maria compartilha do sentimento de Isabel: a alegria de uma maternidade não esperada. Isabel faz Maria sentir as maravilhas que Deus realizou nela. Há visitas e diálogos que nos fazem pular de alegria e nos ajudam a reconhecer as maravilhas que Deus realiza em nós.

Quando fazemos um bem Deus age através de nós. E nos sentimos pessoas melhores. Maria sabia muito bem disso, por isso, era cheia de graça.

➡ NOSSO COMPROMISSO

Maria esperou Isabel pedir ajuda? Não, se ofereceu, percebeu que ela precisaria de companhia e foi depressa, com dedicação.

Vamos pensar se nós parecemos com Maria nesse ponto: ver e acudir alguém sem que a pessoa nos peça ajuda... De receber a notícia de alguém doente, ou precisando de nossa ajuda e ir dar uma mãozinha.

- Vamos pensar juntos se podemos visitar, alegrar ou ajudar alguém? (Ouvir.) Qual será a nossa atitude sobre isso?

➡ CELEBRAR O NOSSO ENCONTRO

Inspirados pela visita de Maria a sua prima Isabel, vamos dizer a Deus:

Todos: Senhor, ajuda-nos a fazer o bem!

1. Querido Deus, que nossas casas sempre estejam de portas e janelas abertas para acolher as pessoas, sobretudo as que mais precisam de ajuda e de uma palavra amiga.

Todos: Senhor, ajuda-nos a fazer o bem!

2. Querido Deus, que a violência e a insegurança não nos façam fechar o coração e a nossa casa aos outros. Que possamos ser mensageiros da paz, da alegria e do amor no mundo.

Todos: Senhor, ajuda-nos a fazer o bem!

3. Querido Deus, para sermos seus amigos, dá-nos coragem e o dom da escuta e do diálogo.

Todos: Senhor, ajuda-nos a fazer o bem!

4. Querido Deus, queremos agradecer pelos amigos que nutrem nossa vida e nos fazem provar o sabor do amor em nós.

Todos: Senhor, ajuda-nos a fazer o bem!

Rezemos de mãos dadas o Pai-nosso.

➡ NO LIVRO DO CATEQUIZANDO

- Orientar as atividades do livro.

➡ NA NOSSA FAMÍLIA

- Procure descobrir se tem alguém (um amigo, um vizinho, uma pessoa da família) precisando de uma visita sua, de sua companhia, de sua ajuda, de seu amor. Faça como Maria, vá depressa.

5 Um menino nos foi dado: Nasceu Jesus

Encontrareis o menino, envolto em panos e deitado numa manjedoura. (Lc 2,12)

Objetivos do encontro

- Reconhecer que Deus se manifesta em Jesus, sinal do seu amor.
- Perceber que Jesus menino nos inspira a sermos mais humanos, fraternos, com o coração carregado de amor e ternura.

Ao final deste encontro, o catequizando deverá perceber que Deus nos ama muito e enviou o próprio Filho para anunciar o seu amor. E, Jesus pode ser encontrado nos lugares mais inesperados e surpreendentes, incluindo o nosso coração.

Material necessário

- Uma manjedoura: um pano colorido arrumado como se fosse um "ninho".
- Uma imagem do Menino Jesus para ser colocada na manjedoura no momento apropriado.
- Providenciar a letra da música Noite Feliz para todos.
- Providenciar pequenas fichas de papel para distribuir a cada catequizando.
- Selecionar na internet duas notícias sobre nascimentos inesperados de crianças (criança que nasceu durante a viagem de avião, no carro, no elevador, na rua...)

Preparação do ambiente

- Preparar uma mesa com toalha, como um altar, vela acesa, Bíblia, flores, uma manjedoura vazia.
- Colocar as cadeiras dispostas em círculo ao redor da mesa.

PASSOS DO ENCONTRO

➡ OLHAR A NOSSA VIDA

Vamos conhecer algumas notícias de nascimento de crianças que ocorreram em momentos e lugares inesperados (ler ou contar as notícias selecionadas na internet). Em seguida conversar sobre as notícias.

Estas notícias que ouvimos são boas? (Ouvir.) Claro que sim, pois, apesar das dificuldades, todas tiveram um final feliz para os bebês, não é? Mas, imaginem o aperto dessas mães! Onde uma mãe deseja o nascimento de seu filho? (Ouvir.)

Toda família, quer segurança para o seu bebê, seu filho. Querem que nasça em um hospital, onde receba todos os cuidados que precisa, não é?

Um filho é esperado com muita alegria e tudo é preparado, com muito carinho, para recebê-lo: roupinhas, mantos, berço, enfim tudo o que ele vai precisar. E, quando ele nasce, forte e saudável, toda a família agradece a Deus por este presente tão especial. Esta criança já é muito amada antes de nascer. O nascimento de uma criança é um grande presente de Deus.

➡ ILUMINAR A NOSSA VIDA

Na época do nascimento de Jesus não existiam os hospitais. Os bebês nasciam ajudados por mulheres que eram chamadas de parteiras. O nascimento de um bebê é chamado de parto. Estas mulheres ajudavam as mães com o nascimento de seus filhos, nas casas delas. O nascimento de Jesus também foi uma surpresa. Maria passou aperto. Vamos lembrar como tudo aconteceu?

📖 Com a Bíblia na mão proclamar o Evangelho de Lc 2,1-12.

Após a leitura conversar com os catequizandos sobre o que leram, apresentando as perguntas:

- Por que Maria, grávida, já próximo do nascimento de Jesus, teve que ir até Belém? (Ouvir.)

- O recenseamento era para contar o número de habitantes que havia naquela região. O que aconteceu quando Maria e José chegaram em Belém? (Ouvir.)

- Onde José e Maria se abrigaram? O que aconteceu nesse lugar? (Ouvir.)

Vimos que por um decreto do imperador, Maria e José se viram obrigados a partir. E Jesus nasce no lugar mais improvável e é colocado numa manjedoura dentro de uma estrebaria. O Filho de Deus nasce fora da cidade, numa noite silenciosa de Belém, no coração da Terra, numa estrebaria.

> A palavra presépio vem de *Praesepe* que significa uma estrebaria, um estábulo, local onde se colocam os animais.

Ali Maria dá à luz o seu filho primogênito, envolve-o em faixas e o coloca numa manjedoura... no comedouro dos animais, que Maria, na sua necessidade, lê como um berço. Ninguém conhece Maria e José, ninguém os acolhe, ninguém se dá conta de nada. O menino chora, deseja ser cuidado e é acolhido e amado pela mãe que o deu à luz.

Os pastores guardavam o seu rebanho na periferia da cidade de Belém na noite em que Jesus nasceu. Eram homens pobres e humildes. Enquanto os pastores trabalhavam, um anjo aparece e comunica a boa notícia: nasceu o Salvador, o Messias. Os pastores foram os primeiros a se deslocar para levar um pouco de calor à fria estrebaria naquela noite de Belém. Eles encontram uma surpresa inesperada: um recém-nascido deitado na manjedoura. Nada os tinha preparado para aquela trouxinha de roupa agitada e aquela mãe, que, inclinada para o seu Filho na manjedoura, parecia estar surpresa pela sua vida frágil e indefesa diante dela. Estava ali o Salvador do mundo. Contemplam-no: os seus olhos são os olhos de Deus, a sua fome é a fome de Deus, aquelas mãozinhas que se estendem para a mãe são as mãos de Deus estendidas para eles. Foi a noite mais iluminada e feliz para o mundo.

O nascimento de Jesus é o acontecimento em que Deus se manifesta a nós, faz-se ver. Contemplando o presépio, podemos dizer: Deus nos amou tanto que nos deu seu próprio Filho. Deus pode ser encontrado nos lugares mais surpreendentes, incluindo o nosso coração. (Colocar a imagem do Menino Jesus na manjedoura e convidar o grupo a ficar um minuto de silêncio contemplando a cena.)

Contemplar o rosto do Menino Jesus, o Filho de Deus é, ao mesmo tempo, contemplar o mais profundo do coração humano, carregado de mansidão, bondade, ternura, misericórdia. Diante deste Menino, brota o desejo profundo de sermos mais humanos, fraternos, simples, carregados de amor de ternura.

Música: Noite Feliz.

➡ NOSSO COMPROMISSO

Naquela noite feliz, os pastores foram visitar o Menino, deitado na manjedoura, enrolado em panos e conheceram o Salvador. Podemos ser, como os pastores, testemunhas do Natal, do nascimento de Jesus. Mais ainda, podemos ser manjedoura para o Menino Jesus, transformando nossa vida em lugar de ternura, amizade, fraternidade, sendo mais humanos e fazendo o mundo melhor. Assim nos tornamos "presentes" às pessoas, sobretudo aos famintos e necessitados e a solidariedade e a ternura ajudarão a mudar, aos poucos, o individualismo, o egoísmo e o consumismo que marcam nosso tempo.

Quem aceita abrir seu coração para acolher Jesus? (Distribuir uma ficha de papel em branco para cada catequizando.) Escreva neste papel que presente você quer ser para as pessoas e para o mundo.

➡ CELEBRAR O NOSSO ENCONTRO

Menino Jesus, queremos ser presentes de amor na vida das pessoas e no mundo, como você é para nós. (Dar tempo para que cada um fale o que escreveu e coloque a ficha de papel ao lado da imagem do menino Jesus.)

Vamos abrir o nosso coração a Jesus, deixando que Ele entre, faça morada em nós trazendo sua paz, sua ternura e amor.

Acolha, querido Jesus, Deus de amor, nossos pedidos: (a oração também se encontra no livro do catequizando).

1. Querido Jesus, manifesta em nós a Tua ternura. Que possamos reconhecer Tua presença ao nosso lado, sobretudo nos que sofrem, nos que estão desamparados.

Todos: Ensina-nos, Jesus, a ser mais humanos!

2. Querido Jesus, que a Tua paz se faça presença neste mundo de guerras, conflitos, violências. Faz de mim um instrumento da Tua paz, na partilha, nos gestos de amor e bondade.

Todos: Transforma nossa vida em mansidão e acolhimento!

3. Querido Jesus, transforma nossos corações e perdoa-nos por procurar a alegria longe do Teu amor.

Todos: Abra o nosso coração em alegria e esperança!

4. Senhor, queremos agradecer pelos amigos que nutrem nossa vida e nos fazem provar o sabor do amor em nós.

Todos: Faça de nós, cristãos, testemunhas da fraternidade e do amor!

Pedir para o grupo, em pé, fazer um círculo e de mãos dadas ao redor da manjedoura novamente cantar Noite Feliz.

➡ **NO LIVRO DO CATEQUIZANDO**

- Orientar as atividades do livro.

➡ **NA NOSSA FAMÍLIA**

- Contar aos seus familiares a boa notícia do nascimento de Jesus e qual presente você quer ser.
- Se for possível pedir aos familiares para assistirem o filme de desenho animado "A Estrela de Belém".

CELEBRAÇÃO

6 **Jesus, o presente de Deus!**

E a Palavra se fez homem e habitou entre nós. (Cf. Jo 1,14)

Objetivos da Celebração

- Celebrar o nascimento de Jesus como o grande presente enviado pelo Pai.
- Abrir-se ao amor do Pai, através de seu Filho Jesus.

Material necessário

- Utilizar o livro do catequizando que contém a celebração completa.
- Providenciar com a comunidade (se possível) um café, chá ou suco para o final da celebração.
- Montar o presépio (se possível) com a imagem de Maria, José e do menino Jesus ou somente com o Menino Jesus.
- Providenciar quatro velas que serão colocadas ao redor do presépio.
- Escolher entre os catequizandos os que irão ser os leitores.
- Providenciar uma vasilha com água, perfume e um raminho verde para aspersão.
- Providenciar um cartaz com a letra da música Noite Feliz.

Preparação do ambiente

- Organizar o local da celebração com as cadeiras em círculo.
- Arrumar uma mesa com uma toalha bonita para colocar em destaque a Palavra de Deus, uma vela, flores e o presépio.

PASSOS DA CELEBRAÇÃO

1. Acolhida

Catequista: Em nome do Pai, do Filho e do Espírito Santo! Amém.

Hoje celebramos o nascimento de Jesus, motivo de grande alegria e esperança. Jesus é o presente de Deus para nós!

Todos: A Palavra se fez carne e veio morar entre nós!

2. Proclamação da Palavra

Catequista: Para nós cristãos, a luz da nossa vida é uma presença: Jesus Cristo, o Filho de Deus, Sua Palavra no meio de nós.

Canto de aclamação.

Leitor 1: O povo que andava na escuridão viu uma grande luz, para os que habitavam as sombras da morte uma luz resplandeceu (Is 9,2). (Coloca-se uma vela ao redor do presépio.)

Todos: Conosco está Deus, nossa Esperança!

Leitor 2: Ela deu à luz o seu filho primogênito (Lc 2,7). (Coloca-se uma vela ao redor do presépio.)

Todos: Toda Glória seja a Ti, Deus da Luz, pelo teu Filho Jesus!

Leitor 3: Eu vos anuncio uma grande alegria: Nasceu para vós o Salvador (Lc 2,11).

(Coloca-se uma vela ao redor do presépio.)

Todos: Conosco está Deus, nossa Esperança!

Leitor 4: "E a Palavra se fez homem e habitou entre nós" (Jo 1,14). (Coloca-se uma vela ao redor do presépio.)

Todos: Glória a Deus nas maiores alturas, e paz na terra entre homens e mulheres a quem Ele quer bem.

Reflexão

Nós fomos criados à imagem de Deus, e Deus assume definitivamente tornar-se um de nós, tem um corpo como nós: Jesus de Nazaré. Ele é a ternura e a doçura do Deus que salva. Jesus entrou na nossa história, partilhou o nosso caminho. Veio para nos libertar das trevas e nos dar à luz. Jesus é a ternura do Pai, é o Amor feito gente.

Coisa mais linda essa: Deus quis ser humano! "O Verbo de Deus" assume um rosto humano: o menino Jesus. Deus escolheu a periferia de Belém e nasceu frágil, pequeno, precisando do nosso amor. O Natal é a certeza de que Deus não desiste de nós. Em Jesus Ele se manifesta a nós, faz-se ver, comunica-se totalmente a cada ser humano e assume toda a humanidade. O nascimento de Jesus é a certeza de que o Criador precisa de nós. Deus vive à nossa espera! Ele espera todos os dias por nosso olhar. Nós também estamos à espera de Deus. Contemplando o presépio, podemos dizer: Ele nos amou tanto que nos deu seu próprio Filho. Estamos sempre a espera desse amor imenso, pois só Deus pode abraçar e compreender nossa fragilidade, nossa humanidade.

3. Rezemos juntos

Catequista: Faz-nos trilhar, Senhor, o caminho do Teu amor. Esse amor que nos aceita e abraça o que somos e o que não somos ainda, que é capaz de amar sempre.

Todos: Deus de amor, inunda nossa vida com tua simplicidade e ternura.

Leitor 2: Permita-nos, Senhor, sermos Tua Luz para os que vivem na escuridão do medo, da violência, do egoísmo.

Todos: Deus de amor, inunda nossa vida com tua simplicidade e ternura.

Leitor 3: Contagia-nos, Senhor, com a beleza do Teu Filho Jesus para que possamos anunciá-lo a todos e revelar a Boa-Notícia do Teu Amor.

Todos: Deus de amor, inunda nossa vida com tua simplicidade e ternura.

Leitor 4: Aumenta em nós, Senhor, a confiança no Teu amor. Transforma-nos em testemunhas da Tua bondade, fraternidade, compaixão, mansidão e misericórdia.

Todos: Deus de amor, inunda nossa vida com tua simplicidade e ternura.

Pai nosso...

4. Bênção Final

Catequista: Senhor, somos hoje o Teu presépio. Queremos abençoar esta água e com ela cada um de nós. (Convidar os catequizandos que ergam suas mãos em direção à água.)

Ó Deus de Amor, que és fonte de luz e de vida. Pelo nascimento de Jesus, Teu Filho, nos conduz das trevas para a Tua Luz. Que Tua bênção de Paz desça sobre cada um de nós. Te pedimos que abençoe esta água. Que a Tua presença de Pai e Filho e Espírito Santo venha sobre nós e sobre esta água para que nos preencha com a Tua graça e nos fortaleça na Fé, na Esperança e no Amor. Amém!

(Neste momento, a catequista faz a aspersão com a água benta. Pode cantar ou colocar uma música instrumental.)

Todos: Deus-Menino de amor, acolhe em teus braços nossa vida, nossas famílias e alimenta em nós a alegria de viver. Ilumina nossos passos para trilhar os caminhos do amor. Amém.

5. Abraço da paz

Canto final: Noite Feliz.

➡ **NA NOSSA FAMÍLIA**

- Verificar na sua família se alguém já fez uma romaria a algum santuário. Se for possível trazer uma foto dessa viagem.
- Reunir informações sobre o que é uma romaria.

7 Jesus cresce como nós

Jesus crescia em sabedoria, idade e graça diante de Deus e das pessoas. (Lc 2,52)

Objetivos do encontro

- Perceber que Jesus também foi um adolescente, que viveu a vida comum de uma família de sua época, cresceu e amadureceu como pessoa.

- Aprender que crescer nem sempre é fácil, mas vamos amadurecendo e ficando melhores como pessoa.

Ao final deste encontro, o catequizando deverá apreender que, como Jesus, cada um deve crescer e se desenvolver plenamente: fisicamente, intelectualmente e emocionalmente, para seguir Jesus.

Material necessário

- Fotos de romarias a algum santuário. (Procurar na internet.)

- No livro do catequizando olhar a imagem de Jesus no Templo de Jerusalém, entre os doutores.

- Uma faixa com a frase: "Jesus crescia em sabedoria, idade e graça diante de Deus e das pessoas" (Lc 2,52).

Preparação do ambiente

- Numa mesa colocar uma toalha bonita, flores, fotos ou imagens de romarias, vela acesa, Bíblia aberta.

- Colocar a faixa com a frase acima indicada próxima a Bíblia, num local visível a todos.

- As cadeiras deverão estar em semicírculo, com a mesa à frente.

PASSOS DO ENCONTRO

➡ OLHAR A NOSSA VIDA

No último encontro, pedi a vocês que conversassem, em casa, sobre as romarias. Agora, vamos trocar as nossas informações. O que é uma romaria? (Ouvir.)

Romaria é uma peregrinação religiosa que se faz a lugares especiais de oração e devoção, a um Santuário, por exemplo, lugar de encontro com o Deus que caminha conosco.

Ao participar de romaria as pessoas viajam rezando e cantando, com alegria. Vocês já participaram de alguma romaria? Ou alguém da sua família? Onde foram? (Ouvir.) Para que as pessoas fazem romarias? (Ouvir.)

Muitas pessoas que participam de romarias estão procurando encontrar Deus. Alguns têm pedidos especiais a fazer e outros têm somente muito a agradecer a Deus. Outras vão simplesmente para rezar e fortalecer a fé.

Um grande Santuário muito visitado, no Brasil, é o Santuário Nacional de Nossa Senhora Aparecida, padroeira do Brasil que fica na cidade de Aparecida-SP.

➡ ILUMINAR A NOSSA VIDA

O povo judeu que é o povo de Jesus, celebrava todo ano a festa da Páscoa. Esta festa era celebrada em Jerusalém, onde estava o grande Templo construído pelo rei Salomão. Jerusalém era chamada de "Cidade Santa" (hoje Jerusalém está no país de Israel. Mostrar no mapa no livro do catequizando) e o Templo, para os judeus, era o lugar que Deus escolheu para morar no meio do povo. Ali, os judeus iam celebrar a libertação da escravidão no Egito. Deus libertou seu povo da escravidão no Egito. Essa é a grande festa do povo judeu até hoje, a festa da Páscoa. Sabem quantos dias ela durava? A festa durava sete dias de orações, sacrifícios e leituras da Palavra do Senhor.

Quando Jesus fez 12 anos, foi em peregrinação, para Jerusalém, com seus pais. Nessa época as pessoas viajavam em caravanas, organizando-se em grupo de mulheres e grupos de homens. As crianças podiam ficar com o pai ou com a mãe. Vamos ver o que nos diz o Evangelho?

📖 Com a Bíblia na mão ler o Evangelho de Lc 2,41-52.

Como vimos este Evangelho narra uma cena com Jesus adolescente. Naquela época quando se alcançava 12 anos, o homem era assumido como membro do povo de Israel. Deixava de ser uma criança, tornava-se adulto.

Maria e José estão voltando da peregrinação ao templo de Jerusalém para sua casa. Depois de um dia de caminhada, percebem que o menino não está no meio do grupo, nem entre os parentes e conhecidos. É provável que só perceberam isso no final do dia porque um imaginava que o menino estava com o outro. Imaginem o susto desses pais. Eles voltam então a Jerusalém e, certamente, aos lugares onde estiveram, falaram com muitas pessoas até três dias depois encontrarem Jesus. Ele ouvia, questionava e discutia com os "doutores", nome dado aos que interpretavam as Sagradas Escrituras. Jesus era um adolescente cheio de curiosidade, queria saber mais. Seus pais, ao verem tal cena, se surpreendem e ficam emocionados. Maria adverte, corrige e diz: "Meu filho, por que você fez isso conosco? Estávamos angustiados, à sua procura!" (Cf. Lc 2,48). Jesus responde de forma surpreendente, dizendo que ele deve estar na casa do Pai. Jesus começa a perceber que a sua vida está ligada a Deus, seu Pai.

Maria, José e Jesus voltaram para casa depois de todos estes acontecimentos. E podemos dizer que chegaram todos transformados. Este episódio da perda e encontro de Jesus nos fala de crescimento, em particular do crescimento na fé, na relação com Deus. E nesta vida simples, junto com seu povo, Jesus ia crescendo não só em estatura (fisicamente), mas também "em sabedoria" (aprendendo) e "em Graça" (na relação com Deus), como diz o texto bíblico. Podemos crescer na fé da maneira de Jesus, ou seja, por descobertas, curiosidade. Mas cresce-se também como José e Maria por situações de perdas e reencontros. O importante é não desistir da busca por Jesus e do desejo de encontrá-lo.

A mãe de Jesus guardava esses acontecimentos no coração. Contemplava esses fatos e procurava descobrir o sentido de tudo. Ou seja, é importante guardarmos o desejo da busca no coração. Não esquecer que para encontrar Jesus é também preciso buscar, procurar. É isso que estamos fazendo na catequese: buscar por Jesus, encontrar Jesus, querer conhecer mais de Jesus.

Ah! É importante dizer que Jesus voltará a Jerusalém outras vezes. Jerusalém é a cidade da história humana e da história salvífica: lá está a "casa" do templo, a "casa" do Senhor, e a "casa" da dinastia de Davi, da qual descende Jesus.

➡ NOSSO COMPROMISSO

Vocês percebem que também estão crescendo, ficando maiores no tamanho, na compreensão da vida e dos acontecimentos, participando e colaborando mais nos trabalhos da família, da escola, da catequese? Como a gente percebe que está crescendo? Gostaria de ouvir exemplos do que acontece com vocês e que mostram que já não são "pequeninos".

Vamos fazer grupinhos de três e conversar sobre: Em relação a Jesus, você sente que está procurando por Ele? Deseja encontrá-lo? Quer continuar na catequese para conhecer melhor Jesus? Quer crescer na fé em Jesus? (Após a conversa nos grupos ouvir o resultado do que conversaram.)

Solicitar para que cada um pense o que pode comprometer-se em realizar para crescer na fé em Jesus.

➡ CELEBRAR O NOSSO ENCONTRO

O texto que ouvimos diz assim: "Jesus crescia em sabedoria, idade e graça diante de Deus e das pessoas" (Lc 2,52).

Também nós crescemos, um pouquinho, todos os dias. À medida que crescemos, vamos deixando umas coisas e atitudes para trás. (Por exemplo: roupas e sapatos que não nos servem mais; pirraças, brigas, chorar à toa, falta de colaboração etc.)

Convidar para rezar juntos a oração que se encontra no livro do catequizando.

> *Querido Jesus, que bom conhecer um pouco mais da sua vida. É muito bom!*
>
> *Ajuda-nos a crescer com sabedoria, aprendendo a partir dos erros que cometemos.*
>
> *Há muitas coisas que precisamos parar de fazer como as brigas, pirraças e preguiça para podermos crescer em maturidade, além de tamanho.*
>
> *Aumenta em nós o desejo de procurá-lo sempre e a confiança no Teu amor. Amém.*

➡ NO LIVRO DO CATEQUIZANDO

- Orientar as atividades do livro.
- Respostas do caça-palavras: crescia - sabedoria - graça - idade - costume - caminho - procura - ouvir - perguntas - respostas - obediente - lembrança

➡ NA NOSSA FAMÍLIA

- Converse com as pessoas de sua casa e pergunte se acham que você cresceu bem e em que precisa crescer mais. Conte que você descobriu o que aconteceu a Jesus aos 12 anos de idade.
- Se você tem um irmãozinho ou primo menor, observe a diferença que ele fez de um ano para cá: no tamanho, no que fala e compreende, no amor à família e nas travessuras que faz porque ainda não sabe muita coisa que você já sabe.

A proposta de Jesus:

8   A equipe de Jesus

Venham comigo e eu vos farei pescadores de gente. (Cf. Mc 1,17)

Objetivos do encontro

- Entender por que Jesus nos convida a fazer parte de sua equipe, do seu grupo de amigos.
- Compreender que responder sim ao convite de Jesus é uma escolha pessoal.

Ao final deste encontro, o catequizando deverá perceber que aceitar fazer parte da equipe de Jesus é uma resposta de amor a Ele e aos irmãos. É escolher um novo modo de viver e amar. É assumir a mesma missão de Jesus.

Material necessário

- Fotos de equipes de futebol, voleibol e basquete.
- Providenciar algumas músicas para a dinâmica inicial.
- Providenciar balões, um para cada catequizando.
- Papel para ensinar a fazer a dobradura de um barquinho de papel.
- Providenciar as músicas que podem ser encontradas na internet, para cantar com os catequizandos:
    - Na escola de Jesus (CD Sementinha 3).
    - A ti meu Deus (Frei Fabreti).

Preparação do ambiente

- Numa mesa colocar uma toalha bonita, vela acesa, Bíblia, flores e fotos de equipes de futebol, voleibol e basquete.
- As cadeiras deverão estar em semicírculo, ao redor da mesa.

PASSOS DO ENCONTRO

➡ OLHAR A NOSSA VIDA

Distribuir balões e pedir que cada um encha o seu balão.

Organizar o grupo em pé no centro do local do encontro.

Colocar uma música e pedir que o grupo circule e cuide do seu balão para que não caia no chão. Depois de um tempo parar a música e solicitar para que cuidem do balão uns dos outros, não deixando nenhum cair no chão. Colocar novamente música enquanto o grupo circula.

Parar a música e avisar que irá diminuir o grupo que está cuidando dos balões, mas todos que ficarem devem cuidar para que os balões não caiam. Colocar outra música e ir retirando crianças que ficam ao lado observando os que ficam cuidando para que os balões não caiam.

O grupo que fica cuidando dos balões passa a ter dificuldade em cuidar, mas precisa se esforçar para não deixar balões caírem. O catequista pode furar alguns balões.

Após um tempo encerrar a atividade e comentar: Gostaram? O que foi mais divertido? (Ouvir.) Todos vocês estão de parabéns, pois cada um se esforçou, como pôde, para que o balão não caísse. É muito bom trabalhar em equipe, cada um ajudando o outro, não é? (Ouvir.)

Nos esportes, também formamos equipes. Que esportes vocês conhecem que são formados de equipes? (Ouvir.) As equipes de futebol, vôlei e basquete são formadas pelo mesmo número de jogadores? (Ouvir e completar.) Cada equipe tem um objetivo comum, um motivo que une o grupo.

Em seguida, distribuir uma folha de papel para cada catequizando e pedir que cada um faça um barquinho de papel e coloque seu nome nele.

➡ ILUMINAR A NOSSA VIDA

Jesus inicia sua missão por volta de 30 anos, quando começa a anunciar o Reino de Deus. Mas antes quis formar uma equipe, um grupo para ajudá-lo e assumir com Ele a sua tarefa. Então, procurou pessoas do povo, de sua região, gente simples e pobre, alguns eram pescadores, homens sem estudo, mas com um coração grande na capacidade de amar.

📖 Com a Bíblia na mão, ler o Evangelho de Mc 1,16-20.

O chamado de Jesus faz com que os primeiros discípulos deixem o trabalho rotineiro no mar para fazer um caminho com o Mestre. Tudo começou às margens do mar da Galileia... Jesus caminha e, ao passar ao longo do mar, viu aqueles homens que estavam jogando as redes no mar. Exatamente ali, naquela vida tão normal, acontece algo novo. Jesus os chama do mar, os faz descer da barca e os convida a segui-Lo, para mergulhá-los no Seu mar, para fazê-los subir noutra barca, para uma vida diferente. E o Evangelho diz que eles deixam tudo e passam a seguir Jesus. Eles irão pescar em outras praias, em outros mares.

Jesus pronuncia uma palavra que mobiliza a vida daqueles primeiros discípulos "Vinde comigo, e eu farei de vocês pescadores de gente" (cf. Mc 1,17), ou seja, Jesus chamou para compartilhar Sua mesma missão. Esta missão que é "pescar" o que há de mais humano e mais bonito nas pessoas, ajudá-las a viver com sentido, com alegria, tirando-as do mar da desumanização. Jesus é capaz de extrair o maior bem possível do outro, de mostrar a qualidade de cada um. E eles deixaram as redes e o seguiram, pois seguir Jesus, fazer parte do seu grupo é uma libertação, ou seja, eles não deixam só as redes, mas deixam tudo o que aprisiona, que impede a vida de ser melhor, que impede de ser feliz verdadeiramente.

Hoje Jesus continua chamando a cada um de nós para fazer parte da sua equipe, do seu grupo de amigos. Ele chama para assumir a sua missão. Ao "fixar o seu olhar" em cada um de nós, chamando-nos pelo nome, Jesus nos move a um novo modo de ser, de viver e de agir. É mais fácil ficar na vidinha rotineira antiga, porque mudar dá medo. Mas, Jesus nos abre novos horizontes de vida, novos mares e vamos descobrindo o melhor de nós mesmos. Ele quer que nós sejamos "pescadores de homens", que ajudemos as pessoas a descobrir o grande amor de Deus por nós e a viver com alegria, sem ser escravo. Muitas coisas nos escravizam hoje, tais como o poder do dinheiro, o consumismo, o desejo de sucesso a qualquer custo. Que mais? (Ouvir.)

Seguir Jesus é viver a vida em contínua busca, procura e encontro, é caminhar com Ele, ficar com Ele e com Ele constituir a grande comunidade de servidores do Amor, a Igreja.

Música: Na escola de Jesus (CD Sementinha 3).

➡ NOSSO COMPROMISSO

Nós vimos que Jesus preferiu trabalhar em grupo. Chamou discípulos para compartilhar a sua missão. Não deve ter sido fácil. Os discípulos tinham seu jeito de ser, diferente uns dos outros. Havia dificuldade em conviver em grupo. Mas, no final formavam um grupo que se amava muito.

Como nós, temos jeitos diferentes de ser e, às vezes, nos desentendemos. É preciso muita aceitação e perdão, para viver em grupo. Assim, é preciso conviver, para nascer uma grande amizade. Vamos procurar trabalhar bem em grupo, valorizando as qualidades de todos, aceitando as diferenças e podemos assim, crescer mais.

Você aceita o chamado de Jesus para ser pescador de gente? (Ouvir e convidar para o momento seguinte.)

- Que atitudes precisa desenvolver melhor para ajudar Jesus em sua missão?

➡ **CELEBRAR O NOSSO ENCONTRO**

Jesus nos convida a ser pescadores de gente. Vou dizer o nome de cada um. Em nome de Jesus, eu vou chamar você. Quando eu falar seu nome, levante-se, dê a sua resposta a Ele, dizendo: Estou aqui.

Em silêncio (sentados) e de olhos fechados, pense em você, pense no seu nome, repita o seu nome, saboreie seu nome. Nome pelo qual Jesus te chama... sinta tudo o que você é. Fale agora em voz alta o seu nome.

Coloque você mesmo numa oferta a Deus, dizendo seu nome novamente e colocando seu barquinho, ao lado da Bíblia. (Colocar música instrumental, suave, para este momento.)

Em pé, dois a dois, um de frente para o outro. Repita o nome dessa pessoa à sua frente, em voz alta e olhando nos seus olhos. Diga a ela: você é preciosa para Deus. Dê um abraço.

Música: A Ti meu Deus. (Frei Fabreti)

➡ **NO LIVRO DO CATEQUIZANDO**

- Orientar as atividades do livro.

➡ **NA NOSSA FAMÍLIA**

- Mostrar, em casa, o barquinho que fez, contando que Jesus o convidou para fazer parte de sua equipe.
- Pergunte aos familiares se eles fazem parte de algum grupo na comunidade.

9 — Uma proposta de felicidade

Jesus começou a ensiná-los: felizes. (Cf. Mt 5,2)

Objetivos do encontro

- Apresentar a proposta de Jesus para ser feliz.
- Descobrir que a felicidade se encontra dentro de nós.
- Compreender como alegrar-se com as pequenas coisas.

Este encontro deverá conduzir o catequizando a assimilar a proposta de felicidade de Jesus, as Bem-aventuranças. A felicidade está dentro de cada um e isso nos faz ser agradecidos.

Material necessário

- Prever a possibilidade de assistir o filme Pollyana (David Swift -1960), disponível na internet, dedicando um encontro para esta atividade.
- Providenciar a música "Dona Felicidade" (Paulo Massadas e Michael Sullivan). Pode ser encontrada na internet. Providenciar para que todos tenham acesso à letra para cantar (cartaz, Datashow, impressão...).

Preparação do ambiente

- Mesa preparada com toalha, vela acesa, flores bonitas, Bíblia aberta.
- Colocar as fichas com as expressões das Bem-aventuranças em local visível na mesa.
- Arrumar as cadeiras em semicírculo.

PASSOS DO ENCONTRO

➡ OLHAR A NOSSA VIDA

Se o grupo de catequizandos assistir o filme Pollyanna (David Swift - EUA -1960) o comentário descritivo do filme é dispensável. Caso não, procure contar com suas palavras parte da história extraída do Livro "Pollyanna", de Eleanor H. Porter (Editora Autêntica, 2016), proposto na sequência.

> Pollyanna era a filha de um missionário, cujo salário era tão baixo que ele mal podia obter o essencial para viver. De tempos em tempos, chegavam à missão que ele cuidava caixas com roupas usadas e quinquilharias para serem distribuídas. Pollyanna esperava que algum dia chegasse alguma contendo uma bonequinha. Seu pai havia até pedido para que na próxima caixa viesse uma boneca já usada para sua filha.
>
> A caixa veio, mas, em vez de uma boneca, trazia um par de muletas. Notando a decepção da criança, o pai disse: "Há uma coisa pela qual podemos ficar contentes e agradecidos: é de não precisarmos de muletas". Foi então que começaram a jogar o "jogo do contente", como o chamaram, procurando e achando qualquer motivo para alegrar-se e agradecer, não importando o que fosse, e sempre o achavam. Por exemplo, quando fossem obrigados a comer uma refeição reduzida num restaurante, por não poderem pagar as guloseimas constantes do cardápio, diziam: "Bem, estamos contentes por gostarmos de feijão", embora seus olhos parassem no peru assado com seu preço proibitivo. Se não havia quadros em seu quartinho miúdo e simples, ela ficava contente porque sua janelinha abria para uma paisagem mais linda do que um artista poderia pintar, e o gramado era um tapete verde e dourado que nem o mais hábil tecelão do mundo poderia tecer igual. Se em seu grosseiro lavatório não havia espelho, ela ficava contente porque isso a poupava de ver suas sardas; mas, se tinha sardas, não era um bom motivo ficar contente porque não eram verrugas? Se sua mala era pequena e as

roupas poucas, não eram bons motivos para ficar contente porque era rápido desfazer a mala? Já experiente, depois de algum tempo, Pollyanna passou a ensinar o jogo a outros, fazendo com que muitas pessoas se tornassem mais felizes, entre elas algumas que acreditavam nunca mais poder alcançar a felicidade (PORTER, E.H. *Pollyanna*. Belo Horizonte: Autêntica, 2016).

- A história de Pollyanna nos ensina que a felicidade é uma maneira de olhar, de ver e sentir todas as coisas. Não é ter coisas. "Ser feliz" é a meta mais importante na vida de todos nós. "Que sejas feliz!" Que melhor sentimento que esse podemos desejar a alguém, seja ele (ela) quem for?

Música: *Dona Felicidade* (Paulo Massadas e Michael Sullivan).

➡ ILUMINAR A NOSSA VIDA

A proposta de Jesus é também de Felicidade (ou Bem-aventurança). Vamos ver o que o Evangelho nos diz:

📖 Com a Bíblia na mão ler o Evangelho de Mt 5,1-11.

Na boca de Jesus brilha sempre a palavra-chave: "Felizes". As Bem-aventuranças são o "autorretrato" de Jesus. Elas expressam o que constitui o centro da sua pessoa e da sua vida, dos seus sentimentos e atitudes. As Bem-aventuranças são um estilo de vida, uma maneira de ser e viver.

No Evangelho que lemos, Jesus afirma categoricamente: "Felizes sois vós!". A proposta de Jesus é uma proposta de felicidade. Isso é surpreendente. É algo mais humano, mais próximo e ao alcance da vida de qualquer pessoa. O Evangelho, a "boa-notícia", é o tesouro que enche o ser humano de uma felicidade indescritível. Deus não quer a dor, a tristeza, o sofrimento; Deus quer precisamente o contrário: que o ser humano se realize plenamente, que viva feliz... Jesus acreditava na vida, e queria que todos vivessem intensamente.

Jesus proclama "Felizes", a felicidade já está dentro de cada um de nós, no mais profundo do nosso coração. A felicidade é presente de Deus a todo ser humano. As Bem-aventuranças nos revelam que somos habitados por uma busca de felicidade. O mundo de hoje transformou tudo em consumo, em busca de satisfação imediata de coisas. A felicidade não depende do sucesso, nem da quantidade de coisas que eu conseguir adquirir... Jesus quis mostrar que, o que nos traz felicidade é o que sai de dentro de nós e não, coisas fora de nós. Não é o celular de última geração, nem o tênis da moda, nem nada que se possa comprar. Esta felicidade é passageira, está fora de nós, depende de coisas e pessoas. Jesus nos diz que a felicidade nasce dentro de nós: daquilo que sentimos, valorizamos e vivemos.

Ser feliz é deixar viver a criatura livre, alegre e simples presente dentro de cada de nós. As Bem-aventuranças são a "carteira de identidade" de quem é amigo de Jesus. O que esta proposta de felicidade de Jesus nos ensina? (Ouvir.) Ser amigo e seguidor de Jesus é viver isso que Ele viveu e ser declarado "Feliz", porque quem o encontra, descobre a felicidade, a vida verdadeira, mesmo em meio ao sofrimento.

➡ NOSSO COMPROMISSO

Diante do que aprendemos, qual vai ser o nosso compromisso de hoje? (Ouvir e sugerir.)

Que tal assumirmos o propósito de procurar sempre o melhor nas pessoas, em lugar de apontar defeitos. Se reclamamos, parar de reclamar delas, oferecendo a nossa compreensão e amizade, o nosso perdão, o nosso consolo e a nossa misericórdia?

Que tal aprender e ensinar o JOGO DO CONTENTE, procurando achar alegria nas pequenas coisas e ser agradecidos a Deus por todos os dons que Ele nos dá? Vocês topam?

➡ CELEBRAR O NOSSO ENCONTRO

Em pé, ao redor da mesa com a Bíblia aberta em Mt 5,1-11, cantar um refrão meditativo.

Vamos colocar em palavras as Bem-aventuranças que brotam do seu coração, aquelas que lhe inspiram e que são expressões da felicidade, como amigo de Jesus.

> *Felizes os que têm fome e sede... Os que não estão saciados...*
> *Felizes os que amam...*
> *Felizes os tristes porque encontrarão consolo...*
> *Felizes os que cultivam a paciência...*
> (Ouvir os catequizandos).

Juntos, vamos agradecer a Jesus (ver oração no livro do catequizando):

> *Querido Jesus que alegria descobrir que tua proposta é um caminho de felicidade.*
> *Queremos viver as Bem-aventuranças, queremos ser felizes!*
> *Ajuda-nos a descobrir a felicidade nas pequenas coisas do dia a dia.*
> *Fica conosco quando vier as tristezas para que não deixemos morrer a felicidade que já está em nós. Amém!"*

➡ NO LIVRO DO CATEQUIZANDO

- Orientar as atividades do livro.
- As atividades números 1 e 2 podem ser feitas em pequenos grupos.

➡ NA NOSSA FAMÍLIA

- Mostrar, para a família, a proposta de felicidade de Jesus, que está no seu livro.

10   O Reino de Deus é surpreendente!

O Reino de Deus é semelhante ao fermento. (Lc 13,21)

Objetivos do encontro

- Compreender o que é o Reino de Deus e como ele acontece no mundo.

- Reconhecer o Reino de Deus no nosso meio.

Ao final deste encontro, o catequizando deverá ter uma boa compreensão do que é o Reino de Deus e como ele acontece no mundo. Esta compreensão deverá fazer brotar, em seu coração, o desejo de fazer parte deste Reino, se propondo a agir de acordo com o bem e a justiça: convivendo com alegria e amor com todos, seja criança, mulher, idoso, pobre ou rico...

Material necessário

- Um pires com um pouco de fermento em pó químico.

- Um copo com um pouco de leite.

- Faixas de papel A4 com palavras que sinalizam o Reino de Deus: o amor, a amizade, a partilha, a solidariedade, a justiça, a bondade, a alegria, a paciência, a ousadia, a mansidão, a ternura, a tolerância, o perdão, a compreensão, a humildade, a união, a misericórdia...

- Providenciar a música "O Reino de Deus é meu" – Pe. Zezinho (CD Deus é Bonito). A música e a letra podem ser encontradas na internet. Se possível providenciar para que todos tenham acesso à letra para cantar (cartaz, Datashow, impressão...).

Preparação do ambiente

- Uma mesa enfeitada com uma toalha bonita, flores, vela acesa, Bíblia aberta, pires com o fermento.
- As cadeiras devem estar ao redor da mesa.

PASSOS DO ENCONTRO

➡ OLHAR A NOSSA VIDA

Vimos, no encontro anterior, que Jesus veio nos ensinar o caminho da felicidade. Uma felicidade diferente da que o mundo quer ensinar, não é? Vou contar duas histórias muito interessantes.

Jozelma, uma mulher simples, mas com um grande coração. Sempre participa de todas as atividades e celebrações de sua comunidade numa cidade do interior de Minas Gerais. Com isso, descobriu que, alguns jovens e adultos dali, eram analfabetos e tinham desejo de aprender a ler, porque também participavam dos momentos de oração e queriam não só ouvir a Palavra de Deus, mas, também poder ler esta Palavra na Bíblia.

Assim, ela se ofereceu para lhes ensinar a ler e escrever. Já alfabetizou várias pessoas. Outras, das comunidades vizinhas, foram aparecendo e ela sempre tem um pequeno grupo para ensinar. É um grande exemplo para todos nós.

Há uma jovem, chamada Estela, de 12 anos na periferia de Belo Horizonte que adora ler. Havia muitos amiguinhos no bairro em que morava, que não tinham como comprar livros. Estela resolveu, com a autorização de sua mãe, criar uma biblioteca na garagem da sua casa. Ela foi pedindo livros aqui e ali e conseguiu formar uma pequena biblioteca. Todas as crianças e adolescentes do bairro sabem que podem emprestar livros da biblioteca da Estela. Muitos descobriram o gosto bom da leitura e o quanto ela é importante para a vida porque puderam ler os livros que a Estela emprestava.

- Quais atitudes percebemos nestas duas pessoas, a Jozelma e a Estela? *(Ouvir e completar.)* Eu começo e vocês continuam: amizade... *(Deixar os catequizandos completarem. Depois acrescentar aquelas que eles não elencaram. Ex: bondade, solidariedade, carinho, paciência, entre outras.)*

➡ ILUMINAR A NOSSA VIDA

A grande missão de Jesus, a coisa mais preciosa para Ele era anunciar o Reino de Deus, ou o Reinado de Deus. É a expressão que mais aparece nos Evangelhos (cerca de 120 vezes). O Reino de Deus é a paixão que movia a vida e a missão de Jesus. Para explicar o que é o Reino, Jesus contava parábolas, ou seja, pequenas histórias. Numa delas Jesus contou que o Reino de Deus é parecido com o fermento, que uma mulher pegou e misturou com três xícaras de farinha, para fazer um bolo.

📖 Com a Bíblia na mão ler o Evangelho de Lc 13,20-21.

Vocês sabem o que é o fermento e para que ele serve? *(Ouvir.)* O fermento serve para fazer o bolo crescer e ficar fofinho. Misturamos todos os ingredientes do bolo e, no final, colocamos o fermento. E temos de colocar pouco fermento. O que será que acontece se não colocarmos o fermento na massa de bolo? *(Ouvir.)* Ele não vai crescer e vai ficar duro. Vamos fazer uma experiência agora: vou colocar um pouquinho de fermento no leite e ver o que acontecerá. *(Experimentar em casa antes, para medir as quantidades, para que não transborde demais. Colocar sobre um prato para não sujar a toalha da mesa.)* Vimos que o fermento fez o leite crescer. Num bolo depois de colocar o fermento a massa cresce devagar por causa dos ingredientes, não é como no leite. O que será que Jesus quis explicar, comparando o Reino com o fermento?

O Reino é o grande sonho de Deus, que Jesus anuncia. Jesus veio inaugurar o Reino. Deus Reina quando a paz, a justiça, o amor, a solidariedade se fazem concretas no meio de nós. Com o Reinado de Deus não haverá mais fracos e poderosos e sim partilha e fraternidade.

É um Reino de paz, de partilha, de amor. É a felicidade total. Jesus diz que o Reino cresce devagar, que ele já está no meio de nós. Comparar o Reino de Deus com o fermento é como dizer que o Reino cresce sem que ninguém veja como o fermento faz a massa crescer e ninguém vê. O Reino de Deus parece ser uma grande força, a maior que existe, não segundo os critérios do mundo, mas segundo o jeito de Deus, que age com mansidão e silenciosamente. Deus sempre surpreende.

O Reino de Deus é um jeito de viver, fazendo deste mundo um mundo de irmãos, todos filhos do Pai, que é Deus. Enfim, o Reino de Deus está, onde o BEM acontece. As histórias que contei reforçam isso. Toda vez que fazemos algo de bom para melhorar o mundo, a nossa vida, a vida das pessoas é o Reino de Deus acontecendo. Deus "reina", ou seja, quando a amizade cresce, quando partilhamos, quando perdoamos, quando amamos é Deus agindo. E Jesus nos convida a ser parceiros, discípulos dele no anúncio do Reino.

Música: O Reino de Deus é meu – Pe. Zezinho (CD Deus é Bonito).

➡ NOSSO COMPROMISSO

Podemos nos comprometer a deixar o Reino de Deus crescer em nós? Como? O que precisamos fazer? (Ouvir.)

Nós já temos algumas atitudes do Reino. Vamos pensar naquela(s) que precisamos fazer crescer, em nós, e dizer a Jesus, em voz alta, um de cada vez: "Eu me comprometo a..." ("Ser mais paciente", por exemplo).

➡ CELEBRAR O NOSSO ENCONTRO

Dar uma faixa para cada catequizando sobre o que é o Reino de Deus. Pedir para o grupo ficar em pé ao redor da mesa com a Bíblia e a vela acesa e cantar um refrão meditativo.

O Reino de Deus já está em nosso meio quando vivemos... (Cada catequizando completa a frase, em voz alta, com a sua palavra – o amor, a amizade, a partilha, a solidariedade, a justiça, a bondade, a alegria, a paciência, a ousadia, a mansidão, a ternura, a tolerância, o perdão, a compreensão, a humildade, a união, a misericórdia...– e a coloca ao redor da Bíblia.)

Convidar a rezar a oração que está no livro do catequizando.

Peçamos a Deus que o seu Reino realmente aconteça em nosso meio, dizendo após cada prece:

Todos: Venha a nós o teu Reino de amor!

1. Deus de bondade, que em nosso mundo cresça a tolerância, a paciência e a justiça, nós te pedimos...

2. Deus de ternura, que a mansidão, a misericórdia e a união aconteçam em nossa comunidade e entre nossos amigos, nós te pedimos...

3. Deus de amor, que em nossa família, vivamos o amor, o perdão, a amizade, nós te pedimos...

Orações espontâneas. (Incentivar os catequizandos a fazê-las.)

Concluir com o abraço da paz.

➡ NO LIVRO DO CATEQUIZANDO

- Orientar as atividades do livro.
- Vamos fazer, agora, a atividade de n° 1, do livro de vocês: completar a palavra-chave.

➡ NA NOSSA FAMÍLIA

- Contar a Parábola do Reino de Deus, aos seus familiares.

11 — A novidade do Reino

A semente cresce sem que ele saiba como. (Mc 4,27)

Objetivos do encontro

- Compreender que o Reino de Deus cresce porque Deus é um semeador incansável, que não se cansa de nós e a cada dia faz germinar, em nós e no mundo, a vida nova.

- Perceber que quem acredita em Deus e nele confia, vai se transformando em mais amor e bondade.

Neste encontro, o catequizando deverá compreender que o Reino de Deus germina em sua vida e no mundo, que o Reino de Deus já está presente em nós. É preciso confiar, acreditar e deixar-se transformar, ser também semeador do Reino.

Material necessário

- Muda de uma planta ou uma árvore num vasinho plantada.
- Imagens de brotos de planta nascendo no meio do asfalto ou pedras. A imagem pode ser em gravuras, mas também pode ser mostrada no celular ou Datashow.
- Tiras de papel em branco para a criança escrever uma oração.
- Providenciar as músicas:
  - Sem Perceber – Paula Santisteban e Eduardo Bologna – a música com o vídeo e a letra podem ser encontradas na internet. Se possível providenciar para que todos tenham acesso à letra para cantar (cartaz, Datashow, impressão...).
  - Quem quiser entrar no Reino – Pe. Zezinho (CD Lá na Terra do Contrário). A música e a letra podem ser encontradas na internet.

Preparação do ambiente

- Mesa ornamentada com flores, Bíblia aberta, vela acesa, muda de uma árvore ou outra planta.

- Imagens de brotos de plantas nascendo no meio do asfalto ou pedras.

- A mesa deverá ficar na frente e os catequizandos em semicírculo ao redor da mesa.

PASSOS DO ENCONTRO

➡ **OLHAR A NOSSA VIDA**

Iniciar o encontro cantando a música "Sem perceber" (Paula Santisteban e Eduardo Bologna). Se possível projetar no Datashow o vídeo e a música. Em seguida ler a letra da música e depois cantar novamente.

Perguntar: Esta música fala de quê? (Ouvir.) Ela fala que sem perceber a vida vai mudando, a lagarta vira borboleta, a semente vira árvore... Que mais? (Ouvir.) O tempo passa sem que a gente perceba e tudo vai se transformando, mudando. Hoje você é criança, amanhã será jovem. A vida é uma constante transformação, a gente às vezes nem percebe. Há uma mudança que é de dentro pra fora, como diz a música: "e a gente muda de dentro pra fora".

➡ **ILUMINAR A NOSSA VIDA**

E Jesus nos conta que também o Reino de Deus cresce e a gente não percebe.

📖 Com a Bíblia na mão, ler o Evangelho de Mc 4,26-27.

Este é o grande anúncio de Jesus: O Reino de Deus está no meio de vós! Está dentro de nós, no meio do mundo, no interior da nossa vida como semente... Essa é uma notícia maravilhosa. Deus já está presente! Nós é que precisamos perceber essa presença. O Reino de

Deus, mesmo que não saibamos como, já é uma realidade no dia a dia da nossa vida. Nossa vida já está envolvida pelo Reino de Deus.

O Reino de Deus é o próprio Deus. O Reino de Deus é esperança que brota no fundo do nosso coração e germina também no mundo. O Reino de Deus é o amor de Deus em nós. O Reino é silencioso, cresce por dentro.

O Reino acontece porque Deus é um semeador incansável, que não se cansa de nós, que a cada dia faz germinar em nós e no mundo a vida nova. Dormindo ou acordado, de dia ou de noite, a semente germina e cresce. Ao anoitecer vemos um botão, no dia seguinte abriu-se uma flor. As coisas de Deus, toda a sua criação, o bem, crescem e florescem. No mundo e no nosso coração a semente de Deus germina e ergue-se para a luz.

Quem acredita em Deus, acredita que o bem e o amor, sempre vencem, sem que a gente saiba como. É preciso acreditar, ter fé em Deus e nele confiar realizando o que nos pede. Aí sim, sem perceber, a vida vai se transformando, o mundo vai mudando. O Reino de Deus é também a capacidade de suportar com amor as dificuldades, as tristezas. Deus não é como nós, Deus tem paciência. Não é com violência, com a força que se instaura o Reino no mundo, mas com ternura, com mansidão.

➡ **NOSSO COMPROMISSO**

Uma semente levada pelo vento é capaz de nascer e viver em lugares inacreditáveis. É capaz de abrir uma entrada na dureza do asfalto.
(Mostrar a imagem da flor ou planta nascendo no asfalto.)

Jesus sabe que a semente da bondade de Deus cresce no mundo, no nosso coração. Ela é capaz de mudar o nosso coração muitas vezes endurecido, com medo ou cheio de raiva e nos acalmar, fazer perceber de novo a primavera e a alegria. Precisamos confiar e acreditar que Deus trabalha em silêncio, na nossa vida, na vida do mundo, nas pequeninas coisas. Basta ficarmos atentos, prestar atenção, deixar o amor e a bondade de Deus agir e transformar nosso coração e nossa vida. Vocês topam? (Ouvir.)

Música: Quem quiser entrar no Reino (Pe. Zezinho).

➡ CELEBRAR O NOSSO ENCONTRO

Vou distribuir papéis. Cada um irá escrever o que acha que precisa ser transformado pela ação de Deus, seja na sua vida, na vida da sua família, de algum amigo, no mundo em que vivemos... (Dar tempo para escreverem e em seguida convidar o grupo a ficar em pé ao redor da mesa.)

1. Senhor Deus, queremos agradecer pela Tua presença de bondade e amor em nosso coração e no mundo, fazendo germinar vida nova. Transforma nosso coração e nosso mundo, às vezes tão duro e tão triste.

Todos: Venha a nós o Vosso Reino!

2. Querido Deus, Pai de Nosso Senhor Jesus Cristo, nosso amigo. Queremos fazer da nossa vida lugar onde a semente do Teu Reino possa germinar.

Todos: Venha a nós o Vosso Reino!

3. Senhor Deus, quero ser semente do Reino na minha família, na escola, no mundo e onde eu estiver fazer germinar o amor, a amizade verdadeira.

Todos: Venha a nós o Vosso Reino!

Cada um coloca ao redor da Bíblia a realidade que deseja que seja transformada pela ação de Deus. (Dar tempo para o grupo. Uma música instrumental pode ser colocada.)

Bem juntinhos, de mãos dadas, vamos implorar a Deus que seu Reino cresça no meio de nós.

Pai nosso...

Orientar para rezar durante a semana a oração, que se encontra no livro do catequizando.

> Venha o Vosso Reino, Senhor!
> Que o Teu Reino venha sobre todas as nossas tristezas, nossas dúvidas, sobre todas as durezas da vida.
> Venha o Teu Reino e faça germinar mais solidariedade e fraternidade no mundo.
> Venha o Teu Reino e traga paz onde há ódio e guerra.
> Venha o Teu Reino e inunde tudo com Teu amor. Amém!

➡ **NO LIVRO DO CATEQUIZANDO**

- Orientar as atividades do livro. A atividade pode ser feita em pequenos grupos que irão ler a história e juntos discutir as questões propostas.

➡ **NA NOSSA FAMÍLIA**

- Contar pra sua família o que descobriu hoje sobre o Reino de Deus.
- Procurar ter sempre uma palavra boa, um elogio ao invés de ficar irritado ou com raiva quando alguém não for legal com você. Isso é ser sinal do Reino na sua família.

12   No Reino de Deus há perdão

Hoje a salvação entrou nesta casa. (Lc 19,9)

Objetivos do encontro

- Reconhecer o perdão como um grande sinal do amor de Deus por nós.

- Perceber que nos arrepender de fazer algo errado e mudar de atitude é sinal de que o Reino de Deus se realiza em nós.

- Descobrir que encontrar e receber o perdão de Jesus modifica a nossa vida e nos dá alegria.

> Neste encontro, o catequista deverá ajudar o catequizando a voltar-se para Jesus. Encontrá-lo é encontrar a alegria verdadeira e isso implica modificar nosso jeito de ser e viver, nos arrependendo do mal que causamos, pedindo e recebendo o perdão de Deus e dos irmãos.

Material necessário

- Um pequeno baú (ou caixinha como porta-joias), para representar o Reino de Deus. Colocar dentro do baú coraçõezinhos com os sinais do Reino escrito em cada um deles: o amor, a amizade, a partilha, a solidariedade, a justiça, a bondade, a alegria, a paciência, a ousadia, a mansidão, a ternura, a tolerância, a compreensão, a humildade, a união, a misericórdia, a fraternidade...

  - A palavra perdão deverá estar colada no fundo do bauzinho para ser o último retirado, num coração um pouco maior que os outros.

  - Na parte de fora, colocar uma pequena faixa: O REINO DE DEUS.

- Fazer uma ficha: PERDOAR = SALVAR.

- Papel para escrever o pedido de perdão.
- Providenciar as músicas:
  - Valsinha do Zaqueu (CD Sementinha 1 e 2 – Paulinas-Comep).
  - Tende piedade – Pe. Zezinho (CD Missa fazedores da Paz).
  - As músicas podem ser encontradas na internet. Se possível providenciar para que todos tenham acesso a letra para cantarem (cartaz, Datashow, impressão...).
- Um porta-retrato com uma imagem de uma pessoa acolhendo a outra num abraço.

Preparação do ambiente

- Mesa ornamentada com toalha bonita, flores, vela acesa, Bíblia aberta e o pequeno baú.
- As cadeiras deverão estar em semicírculo ao redor da mesa.
- Se possível, um porta-retrato grande com uma imagem (figura) de uma pessoa acolhendo outra, com um abraço de reconciliação.

PASSOS DO ENCONTRO

➡ **OLHAR A NOSSA VIDA**

Há algumas semanas estamos conversando sobre o Reino de Deus. Alguém se lembra de algo importante que descobrimos? (Ouvir somente.)

Os sinais do Reino de Deus são verdadeiros tesouros para nós. Eles nos fazem melhores e mais felizes. (Pegar o baú e apresentar aos catequizandos.) Temos, aqui, um baú com alguns desses tesouros do Reino de Deus.

Vamos passar o baú, de mão em mão, e cada um retira um coração e lê em voz alta. (O catequista passa o baú ao catequizando, que vai abri-lo e tirar um coraçãozinho e ler, em voz alta, um dos sinais do Reino. O último será o perdão, em coração maior, que estará pregado no fundo do baú.)

Deixei o perdão por último, porque ele é o nosso assunto especial hoje. Você tem facilidade em perdoar? (Ouvir.) O que é o perdoar? (Ouvir.) Perdoar é aceitar o pedido de desculpas, é estar disposto a acabar com a raiva, com a mágoa da ofensa. É estar disposto a aceitar a pessoa novamente, apesar da ofensa que ela cometeu contra nós.

➡ ILUMINAR A NOSSA VIDA

O Papa Francisco disse: "Nenhum de nós pode sobreviver sem misericórdia, todos precisamos do perdão". Por que será que o Papa Francisco disse isso? (Ouvir.) Ele disse isso, porque estamos sempre magoando alguém. E, quando ofendemos alguém, estamos ofendendo o próprio Deus. Por isso, quando magoamos alguém, devemos pedir perdão a Deus, também. Ele é nosso Pai e está sempre pronto a nos perdoar porque nos ama muito. Foi isso que Jesus nos revelou. E nós estamos sempre precisando do perdão uns dos outros e de Deus. Vou contar, para vocês, uma história de perdão, que está na Bíblia.

📖 Com a Bíblia na mão narrar a história de Zaqueu que está no Evangelho de Lc 19,1-10.

> Havia um homem, chamado Zaqueu, que era o chefe dos cobradores de impostos. Era odiado, desprezado pelos seus conterrâneos, considerado um traidor, um explorador do povo. Zaqueu era um homem rico e, claro, roubava para si parte dos impostos injustos que eram cobrados da população. Ele soube que Jesus ia passar na sua aldeia e queria ver Jesus. Mas Jesus passava cercado de muitas pessoas. Como era baixinho, não conseguia ver Jesus.
>
> Zaqueu não se preocupou com a boa imagem ou com o que a multidão pensaria ao vê-lo sobre uma árvore, enfrentou a limitação de sua baixa estatura e subiu numa árvore para ver Jesus sem ser visto. Mas, Jesus o vê, o chama pelo nome: "Zaqueu" (cf. Lc 19,5). O olhar profundo de Jesus e o convite inesperado para que Zaqueu o acolha na sua casa, transformam a vida daquele pequeno homem. E nada mais foi como antes. Ele descobriu a luz de um olhar e experimentou o amor de Deus. Ele que esperava ver sem ser visto, é visto e encontrado por Jesus.

Podemos pensar: será que passaria pela cabeça de Zaqueu que Jesus o procuraria, por sua iniciativa, para hospedar-se na casa dele? Deus é uma surpresa. Zaqueu sente-se olhado e sua vida se transforma. Ele passa inclusive a ver o mal que causou às pessoas. Zaqueu se arrependeu de todo o mal que havia feito e disse que devolveria tudo o que roubara, quatro vezes mais e também iria dar a metade de seus bens aos pobres. Então Jesus diz: "Hoje a salvação entrou nesta casa" (Lc 19,9).

Zaqueu sabia que precisava mudar e sua vida mudou para sempre quando finalmente encontrou a alegria que há muito procurava. O perdão é sinal do Reino de Deus. Para Jesus, PERDOAR é o mesmo que SALVAR. (Mostrar a ficha: PERDOAR = SALVAR.) Salvar do pecado, ou seja, de todo o mal que vem com o pecado: solidão, tristeza, abandono, etc. Também nós, como Zaqueu, podemos ver que algo está errado e precisa mudar, neste momento podemos também ouvir Jesus a nos dizer "Hoje quero ficar na tua casa, quero viver na sua vida". Com o nosso sim a Jesus, virá a transformação e a alegria.

➡ NOSSO COMPROMISSO

Sabemos que todos temos falhas e defeitos e que na vida em grupo, convivendo dia a dia, os defeitos se encontram... um quer mostrar mais valentia, principalmente se tem alguém assistindo a cena. Outro machuca o jogador do time adversário; um estraga um objeto ou brinquedo do outro; há desobediência e "mãe fica zangada, castiga". O pai chega nervoso e outro é que paga o pato. Mas se há amor, afeto, reconhecimento de que agir assim não foi o melhor, a gente fica arrependido e com remorso de ter magoado os outros... De outro lado ficamos amuados e sofridos pelas ofensas recebidas e os "palavrões" saídos como balas de canhão. Todos os dois lados sofrem. Mesmo quem fica ruminando a raiva por muito tempo... Nesse caso, só o amor, a fraternidade, as desculpas, o refazer o laço da amizade é que nos traz de novo a alegria e o bem-estar do coração.

Assim, o nosso compromisso desta semana é estar sempre disposto a perdoar e a pedir perdão. Vocês topam? (Ouvir.)

Música: Valsinha do Zaqueu – (CD Sementinha 1 e 2 – Paulinas-Comep).

➡ CELEBRAR O NOSSO ENCONTRO

Em silêncio, vamos pedir perdão a Deus pelo mal que fizemos aos irmãos ou pelo bem que não lhes quisemos fazer. (Pausa.)

Vamos pensar como nos desculpar com alguém que magoamos e agradecer o perdão que recebemos sempre de Deus e da família. Cada um escreva em seu livro, sua oração de pedido de perdão. (Dar tempo.)

Quando terminar, convidar para que cada um faça a sua prece de perdão. (O catequista inicia e dá um tempo, sem forçar ou condicionar os catequizandos.)

Vamos cantar, expressando o nosso arrependimento.

Música: Tende piedade – Pe. Zezinho (CD Fazedores da Paz, Paulinas-Comep).

➡ NO LIVRO DO CATEQUIZANDO

- Orientar as atividades do livro.

➡ NA NOSSA FAMÍLIA

- Contar, em casa, a história de Zaqueu e o que você aprendeu com ela.
- Escreva um bilhete e convide um amigo que está meio afastado de você, para brincar.
- Procure facilitar a desculpa de quem o ofendeu, aceitando ou se esforçando para não piorar o relacionamento.

13   Jesus acolhe a todos

Vinde a mim vós todos. (Mt 11,28a)

Objetivos do encontro

- Perceber que Jesus sempre acolheu os doentes, os pecadores, as crianças, os pobres, porque isto é construir o Reino de Deus.

- Compreender que como cristão, amigo de Jesus, a exemplo de Ir. Dulce, precisamos ser instrumentos do amor de Deus na vida das pessoas, sobretudo das que mais necessitam de ajuda.

Este encontro precisa levar o catequizando, através do testemunho concreto de Ir. Dulce, a perceber que ser cristão é ser instrumento do amor e cuidado de Deus na vida das pessoas, dos pobres, dos doentes. Isso é construir o Reino de Deus, como Jesus fez.

Material necessário

- Uma foto de Irmã Dulce.
- Uma imagem (figura) de alguém se apoiando no peito de Jesus, sendo acolhido por Ele.
- Providenciar a música Fazer um bem (Bia Bedran). A música pode ser encontrada na internet. Se possível providenciar para que todos tenham acesso à letra para cantar (cartaz, Datashow, impressão...).
- Uma ficha, para o catequizando escrever o compromisso.

Preparação do ambiente

- No chão, no centro do local do encontro, uma toalha bonita e, sobre ela, a Bíblia aberta, vela acesa, flores, uma foto de Irmã Dulce.
- As cadeiras deverão estar num círculo ao redor da toalha.

PASSOS DO ENCONTRO

➡ OLHAR A NOSSA VIDA

Vamos nos acolher com um abraço carinhoso.

Eu acolho a cada um de vocês, com alegria.

O que significa a palavra acolher? (Ouvir.)

Quando Jesus nasceu, Maria e José não encontraram ninguém que os recebesse, lhes desse abrigo, amparo, proteção. Acolher é tudo isto.

Vou contar para vocês, uma história verdadeira de uma mulher, pequenina na estatura, mas grande no seu coração acolhedor. (Se possível, contar a história e não, ler.)

História: O ANJO BOM DA BAHIA

Era uma vez, uma menina chamada Maria Rita. Nasceu em Salvador, na Bahia e perdeu a mãe aos sete anos de idade. Era uma menina como tantas outras: gostava de brincar com sua boneca inseparável, a Celica, soltar pipa e assistir futebol com seu pai.

Com apenas 13 anos de idade ela começa a acolher os doentes e mendigos, transformando sua casa num verdadeiro posto de atendimento, tanto que a casa passou a ser conhecida como "A Portaria de São Francisco". Foi quando ela começou a manifestar a vontade de entrar para a vida religiosa. No entanto, não foi aceita por ser muito jovem.

Maria Rita estudou e se formou professora e, em seguida, entrou para a Congregação das Missionárias da Imaculada Conceição da Mãe de Deus, se tornando freira, aos 19 anos de idade.

Vendo o sofrimento de vários doentes que não tinham onde se abrigar, invadiu cinco casas abandonadas, situadas na Ilha chamada dos Ratos. Lá, ela abrigava os doentes recolhidos na rua. Logo, porém, foi expulsa da invasão. Então, ela perambulou com esses doentes por locais diferentes e distantes de tudo, até que recebeu autorização para ocupar um galinheiro junto ao convento, abrigando 70 doentes.

No lugar desse galinheiro, está hoje o Hospital Santo Antônio, o maior hospital do Estado da Bahia. Esta menina pequena de corpo e grande de coração, passou a vida acolhendo os pobres, as crianças e os doentes, procurando aliviar um pouco as suas dores. Ela é a Irmã Dulce. (Passar a foto de mão em mão.) Passou a ter este nome quando se tornou freira, em homenagem à sua mãe, a D. Dulce Maria de Sousa. (Explicar que as freiras adotavam outro nome quando faziam os votos.) Hoje ela é chamada de Santa Dulce dos Pobres. A Igreja a declarou santa.

➡ ILUMINAR A NOSSA VIDA

É muito bom ser acolhido com carinho, não é? De modo especial, quando estamos necessitados, quando precisamos da ajuda de alguém. Irmã Dulce deve ter sentido cansaço diante das dificuldades que lhe apareciam, mas, tinha o apoio de alguém muito especial. Sabem quem é? (Ouvir.) Irmã Dulce era apaixonada por Jesus e seu projeto de amor: construir o Reino de Deus, um mundo novo. Ela encontrou forças em Jesus, que disse, uma vez: "Venham a mim, todos vós que estais cansados e carregados de fardos, e eu vos darei descanso". Por isso, ela teve forças para ajudar e acolher tanta gente. Ela foi sinal do Reino de Deus na vida das pessoas que acolheu e cuidou.

📖 Com a Bíblia na mão, ler o Evangelho de Mt 11,28-30.

Jesus sempre acolheu as crianças, os doentes, os pecadores, os amigos, os pobres, porque isto é construir o Reino de Deus, seu Pai. Como a Irmã Dulce, quem é cristão, ou seja, seguidor de Jesus, também precisa ser instrumento de seu amor com as pessoas, sobretudo com as que necessitam de ajuda.

➡ NOSSO COMPROMISSO

Em pequenos grupos escrever (entregar a ficha para escrever) três atitudes que querem desenvolver, para serem mais acolhedores:

- Em casa
- Na escola
- Na comunidade, com os vizinhos

Dar um tempo para escrever e, depois, partilhar com todos. Se for necessário, ajudá-los com exemplos. Comentar as propostas e incentivá-los a viver o que disseram.

Música: Fazer o bem – Bia Bedran.

➡ **CELEBRAR O NOSSO ENCONTRO**

Vamos colocar as nossas propostas de ser acolhedores com todas as pessoas, sobre a Bíblia.

Rezemos juntos. Repitam comigo:

> Querido Jesus, eu quero aprender contigo a receber e conviver bem com todas as pessoas: em casa, com minha família: *(dizer o nome dos membros da família)*; na escola, com meus professores, colegas e amigos *(pense em cada um deles)*; na minha comunidade, com meus vizinhos *(pode dizer os nomes dos que convive menos)*.
>
> Quero aprender contigo a ser atencioso, gentil, hospitaleiro, prestativo com todas as pessoas que eu encontrar: os pobres, os idosos, as crianças que eu nem conheço ainda.
>
> Agora, sou eu quem te pede: Vem a mim, Senhor Jesus!

➡ **NO LIVRO DO CATEQUIZANDO**

- Orientar as atividades do livro.
- As atividades poderão ser feitas em pequenos grupos.
- Respostas do caça-palavras: Receber - Hospedar - Agasalhar - Abrigar - Abraçar - Proteger - Cuidar - Apoiar - Escutar

➡ **NA NOSSA FAMÍLIA**

- Perguntar na sua família se sabem quem foi Irmã Dulce, o Anjo Bom da Bahia, e contar para eles o que você descobriu sobre ela. Contar que ela é um exemplo de amor ao próximo, como Jesus nos pediu.

14   Fazer a vontade de Deus

Aquele que fizer a vontade de Deus, esse é meu irmão, minha irmã e minha mãe. (Mc 3,35)

Objetivos do encontro

- Compreender que a vontade de Deus é que o seu Reino de Amor e Fraternidade se faça concreto em nossa vida e no mundo.

- Perceber que ao realizar gestos de pequenas gentilezas e atitudes de delicadezas no dia a dia é possível mudar a vida das pessoas, ajudando na construção do Reino de Deus.

> Neste encontro, o catequizando precisa compreender que fazer a vontade de Deus é ajudar na construção do seu Reino de amor, realizando gestos de pequenas gentilezas e atitudes de delicadezas no dia a dia.

Material necessário

- Procurar na internet o vídeo "Herói Anônimo" (legendado) para ser exibido no início do encontro. Se possível exibir no Datashow para todos assistirem ou conseguir que todos assistam no celular.

- Tiras de papel em branco.

- Providenciar a música Coração Bonito – Pe. Zezinho (CD Deus é Bonito). Pode ser encontrada na internet. Se possível providenciar para que todos tenham acesso à letra para cantar (cartaz, Datashow, impressão...).

Preparação do ambiente

◦ Dispor uma toalha bonita (ou uma colcha) no chão. Colocar sobre ela: vela acesa, flores, Bíblia aberta, os materiais descritos no "material necessário", relacionados acima.

◦ Dispor as cadeiras em círculo ao redor da toalha.

PASSOS DO ENCONTRO

➡ OLHAR A NOSSA VIDA

Vamos ver um pequeno vídeo chamado "Herói Anônimo". O vídeo conta a história de um rapaz que mora sozinho, trabalha para sobreviver. Todo dia ao sair de casa ele encontra várias situações e sempre se dispõe a ajudar.

Após assistir o vídeo, dividir os catequizandos em 3 ou 4 grupos com a seguinte tarefa:

1. O que cada um mais gostou na história desse herói anônimo.

2. O grupo acha que vale a pena ser alguém que se preocupa em melhorar o mundo, com pequenas ações no dia a dia?

Em seguida fazer uma partilha sobre o que os grupos conversaram e acentuar como é possível a cada dia realizar atitudes de pequenas gentilezas que modificam a vida de pessoas e da realidade na qual se vive e convive.

➡ ILUMINAR A NOSSA VIDA

📖 Com a Bíblia na mão ler o Evangelho de Mc 3,31-35.

Vimos dessa vez que Jesus estava em uma casa e muita gente se reuniu ali, para ouvi-lo. Alguém se aproximou d'Ele e disse que sua mãe e seus irmãos estavam esperando por Ele do lado de fora da casa. A resposta de Jesus foi: "Aquele que fizer a vontade Deus, esse é meu irmão, minha irmã e minha mãe" (Mc 3,35).

Jesus tinha família e morou em Nazaré com os pais. Além deles o ambiente familiar, naquela época incluía os primos, os tios e outros parentes. Todos os parentes próximos eram considerados irmãos. Moravam todos juntos num mesmo quintal. Aqui neste texto Jesus não está renegando sua família de sangue. Mas, ele ampliou o sentido de família para ele. Quem faz a vontade de Deus, se torna família de Jesus. Então, o que é preciso para se tornar irmão, irmã de Jesus? (Ouvir.) Ele quer que sejamos família, irmãos e irmãs d'Ele. Mas, o que é fazer a vontade de Deus? (Ouvir.)

A vontade de Deus é que o seu Reino de Amor e fraternidade se faça concreto em nossa vida e no mundo. A vontade de Deus é que a cada pessoa seja feliz. A vontade de Deus é que todos tenham direito a uma vida digna, a saúde, a ter amigos. A vontade de Deus é que a vida no planeta, tão ameaçada, sobreviva. A vontade de Deus é que ninguém morra de fome ou vítima de guerra. O que mais? (Ouvir.) Isso significa que ajudar a construir um mundo diferente e melhor é estar fazendo a vontade de Deus.

Uma vez, ensinando aos discípulos, Jesus disse: "Eu desci do céu não para fazer a minha vontade, mas a vontade daquele que me enviou" (Jo 6,38). Jesus dá o exemplo, ensina e convida a fazer a vontade do Pai. Ser cristão, seguir Jesus, é agir desta forma, é fazer a vontade de Deus. Podemos no dia a dia realizar gestos de pequenos gentilezas, sermos heróis anônimos, que graças a pequenas atitudes de delicadezas, tornam possível mudar a vida de uma pessoa e da realidade onde vivemos.

➡ NOSSO COMPROMISSO

Uma das atitudes de quem quer fazer a vontade de Deus, é realizar pequenas atitudes de gentilezas. Não custa nada, mas pode fazer alguém sorrir, pode trazer alegria, conforto e demonstrar que o amor faz parte da vida de alguém. Isso é ser sinal do Reino de Deus.

Vou distribuir os papéis para que escrevam duas atitudes de gentileza que cada um pode fazer nesta semana. (Dar tempo para realizar essa tarefa.)

➡ CELEBRAR O NOSSO ENCONTRO

Colocar uma música instrumental e pedir que cada catequizando leia as atitudes de gentileza que se propõe a fazer e coloque ao redor da Bíblia.

Inspirados na Oração de São Francisco de Assis, vamos nos colocar à disposição do Senhor Jesus. (A oração está no livro do catequizando.)

> *Querido Jesus, seguindo o teu exemplo, quero me colocar à tua disposição para realizar a tua vontade na minha vida.*
> *Onde eu encontrar alguém com raiva, querendo vingança, que eu faça o perdão acontecer; onde houver briga, bate boca, que eu leve a união; onde eu encontrar alguém desesperado, duvidando de tudo, que eu encoraje a buscar a fé, novamente.*
> *Que eu leve, aonde eu for, a alegria e a verdade e que eu seja, sempre, um mensageiro de tua paz. Obrigado Jesus por eu ser parte de tua família. Amém!*

Música: Coração Bonito – Pe. Zezinho (CD Deus é Bonito)

➡ NO LIVRO DO CATEQUIZANDO

- Orientar as atividades do livro.
- A atividade nº 3 pode ser feita em pequenos grupos. E depois a resposta pode ser partilhada com todos.

➡ NA NOSSA FAMÍLIA

- Contar para sua família e amigos quem é a família de Jesus.
- Realizar as atitudes de gentileza definidos por você.

15   Como filhos rezamos: Pai nosso...

Venha o teu Reino, seja feita tua vontade. (Mt 6,10)

Objetivos do encontro

- Compreender que Deus é nosso Pai e nos ama sem medida.

- Aprofundar o sentido da oração que Jesus nos ensinou, o Pai-nosso, como a oração do Reino de Deus.

Este encontro precisa provocar no catequizando a alegria pela compreensão do que significa chamar Deus de Pai e pela descoberta do sentido da oração do Reino de Deus, o Pai-nosso.

Material necessário

- Providenciar a música, Meu Pai, do cantor Daniel. É possível encontrar na internet. Se possível providenciar para que todos tenham acesso à letra para cantar (cartaz, Datashow, impressão...).

- Preparar fichas com versículos que mostram Jesus em oração: Lc 5,16; Lc 6,12; Lc 9,18; Lc 9,28. Distribuir para alguns catequizandos e, no momento adequado, pedir que leiam.

- Fazer um cartão bonito, com a oração do Pai-nosso, para entregar aos catequizandos ou utilizar a oração já escrita no final do Livro do Catequizando.

Preparação do ambiente

- Mesa com uma toalha bonita, flores, Bíblia aberta, vela acesa.

- As cadeiras devem estar dispostas em semicírculo, de frente para a mesa.

PASSOS DO ENCONTRO

➡ OLHAR A NOSSA VIDA

Hoje vamos iniciar nosso encontro prestando bastante atenção na letra da música chamada "Meu Pai" que vamos ouvir. Colocar a música e deixar que ouçam atentamente.

Essa música é a declaração de amor de um filho a seu pai. O que ele fala sobre seu Pai? (Ouvir.) Esse filho reconhece a beleza, a bondade, o amor, a companhia desse pai na sua vida. Seu pai é um testemunho de bondade e honestidade e marcou profundamente o jeito de ser do seu filho. Na vida de muitos filhos que não tem pai, é dado somente a mãe o mesmo reconhecimento e declaração de amor. (Se achar necessário pode colocar novamente a música e incentivar que todos cantem.)

➡ ILUMINAR A NOSSA VIDA

Jesus nos mostrou que Deus é Pai. Um pai que nos ama sem medida. Um pai que mesmo que a gente não perceba, cuida de cada um de nós. Um pai que não nos abandona, como pode acontecer com um pai, mas Deus não desiste dos seus filhos, não se cansa de demonstrar amor por nós.

Jesus chama Deus de paizinho, não se cansa de mostrar que Deus é um pai que cuida de todos. O que move a vida de Jesus é fazer a vontade de seu Pai, é anunciar que o Reino de Deus está em nós, germina no fundo do nosso coração. Para Jesus o mais importante era dizer a todos que o amor de Deus, que é um pai amoroso, já está dentro e no meio de nós.

Jesus tem muita intimidade com Deus, Seu pai. Se retirava para ficar sozinho e poder conversar com o seu Deus. Essa intimidade amorosa e carinhosa de Jesus com Deus foi o que o ajudou a ser fiel a sua missão. Toda conversa com Deus chamamos de oração. Jesus rezava, ou seja, sempre estava conversando, dialogando com o seu pai.

Vamos ouvir, agora, alguns versículos que mostram como Jesus sempre se retirava para rezar. (Entregar as fichas, com os versículos, elencados no material necessário, a alguns catequizandos, para que leiam.) Aqui estão alguns versículos da Bíblia, que mostram Jesus em oração. Existem muitos outros mais.

Os discípulos, vendo que Jesus rezava, constantemente, pediram: "Senhor, ensina-nos a orar, como também João ensinou a seus discípulos" (Lc 11,1). E Jesus também os ensinou como rezar.

📖 Com a Bíblia na mão ler pausadamente o texto do Evangelho de Mt 6,9-13.

Como vemos Jesus chama Deus de Pai e nos dá o direito de também chamar o Seu Pai de Nosso Pai.

(Entregar o cartão com a oração do Pai-nosso ou olhar a oração que se encontra no final do livro do catequizando.) Leia uma frase do Pai-nosso que mais chama a sua atenção. (Deixar todos lerem.)

O Pai-nosso é uma oração simples, concentrada sobre o que é essencial para nós: o Reino de um Pai que ama e deseja que seu projeto de amor se realize plenamente. Então o Pai-nosso é a oração do Reino de Deus. Vejamos:

- Invocamos ao Pai que é Deus, nosso Pai.

- Na primeira parte, expressamos nosso desejo, nossa aspiração: que o Nome de Deus seja santificado, que venha o Seu Reino e seja feita a Sua vontade.

- Na segunda parte, olhamos as nossas necessidades como discípulos a serviço do Reino de Deus e pedimos: o pão, o perdão, ajuda na luta contra a tentação e o mal.

O Pai-nosso expressa bem o desejo do alimento, o desejo de liberdade, o ser capaz de perdoar, o desejo de ser libertado do sofrimento, de não se deixar levar pelas provações. Vamos olhar atentamente o que dizemos a Deus nesta conversa tão bonita e íntima com Ele:

- Quando rezamos "Pai nosso que estais no céu", reconhecemos que Deus é Pai de todos e, por isso, somos todos irmãos. Quando dizemos "Santificado seja o vosso Nome" estamos reconhecendo que Deus é amor e gratidão e que nossa vida possa glorificar o nome de Deus pelo testemunho. Dizendo: "Venha a nós o vosso Reino", pedimos que o Reino de Deus comece a acontecer desde já, no meio de nós, que desejamos viver o que Jesus ensinou. Pedindo que "Seja feita a vossa vontade, assim na terra como no céu", lembramos que Deus quer a felicidade de todas as pessoas e nós pedimos que a vontade dele seja feita por nós.

- Quando pedimos "o pão nosso, de cada dia, nos dai hoje", desejamos o alimento de cada dia para todos. Quando pedimos "Perdoai-nos as nossas ofensas, como nós perdoamos a quem nos tem ofendido", estamos pedindo, ao Senhor, que perdoe as nossas faltas a Ele e aos irmãos e nos propomos perdoar aos que nos fizeram algum mal. E, por fim, quando pedimos a "E não nos deixeis cair em tentação, mas livrai-nos do mal", desejamos que o Senhor nos dê forças para fugir da ocasião de fazer o mal.

O Pai-nosso é uma oração, uma conversa com Deus, que ao mesmo tempo expressa, reconhece a importância desse Pai e, como filhos, pedimos o que é essencial para que a felicidade se realize, concretizando o Reino de Deus.

➡ CELEBRAR O NOSSO ENCONTRO

Motivar a escrever no livro do catequizando uma oração que seja uma declaração de amor a Deus.

Vamos rezar o Pai-nosso, a oração que Jesus nos ensinou, bem devagar e em silêncio. (Dar tempo para o catequizando.)

Agora vamos rezar novamente, juntos de mãos dadas e de pé, sinal de que todos aqui reconhecemos o quanto o Pai de Jesus e nosso Deus é precioso para nós.

Pai nosso...

Como sinal de que queremos que o que pedimos, que seu Reino de Amor se realize em nós, vamos nos abraçar e desejar a paz.

➡ **NOSSO COMPROMISSO**

Podemos nos comprometer de rezar todos os dias o Pai-nosso nesta semana? Mas, rezar com o coração, sentindo tudo o que significa cada pedido. Vocês topam?

➡ **NO LIVRO DO CATEQUIZANDO**

- Orientar as atividades do livro.

➡ **NA NOSSA FAMÍLIA**

- Convide a sua família para rezarem, juntos, o Pai-nosso.

Celebração

16 Reino de Deus: um tesouro escondido

O Reino dos céus é semelhante a um tesouro escondido num campo. (Mt 13,44)

Objetivos da Celebração

- Celebrar a descoberta do Reino de Deus entre nós.
- Comprometer-se a ser mensageiro deste Reino, com seu jeito de ser criança: brincando, cantando, rezando, levando a alegria onde for.

Material necessário

- Providenciar letras das músicas que serão cantadas:
  - O Reino de Deus é meu – Pe. Zezinho (CD Deus é Bonito).
  - Aqui também é céu – Pe. Zezinho (CD Deus é Bonito).
  - Coração Bonito – Pe. Zezinho CD Deus é Bonito).
  - Música A Paz – Pe. Jonas Abib, para reprodução em áudio.
  - Providenciar para que todos tenham acesso à letra para cantar (cartaz, Datashow, impressão...).
- Providenciar sementes, um pequeno baú ou um pequena caixa enfeitada (algo que lembre um tesouro).

Preparação do ambiente

- Cobrir o chão com uma colcha bonita e dispor, sobre ela, a Bíblia aberta, flores e vela acesa, sementes, pequeno baú.
- Organizar as cadeiras em círculo ou assentar-se, em círculo no chão.

PASSOS DA CELEBRAÇÃO

1. Acolhida

Catequista: Sejam todos bem-vindos! Vamos nos cumprimentar com um abraço forte, cantando a música "A Paz". (Se os catequizandos não souberem cantar, reproduzir a música em áudio, enquanto se abraçam.)

Música: A Paz (Pe. Jonas Abib)

Catequista: Estamos reunidos em nome do Pai...

2. O Reino de Deus está no meio de nós

Leitor 1: Antes de iniciar a sua missão, Jesus escolheu doze homens simples, humildes e trabalhadores, para serem PESCADORES DE GENTE para o Reino de Deus. Hoje, Ele convida a todos que querem assumir esta tarefa.

Todos: Querido Jesus, eu quero ser pescador de gente para o Teu Reino!

Catequista: Jesus apresentou, aos seus discípulos, uma proposta de felicidade. Subiu ao monte. Quando se sentou, os discípulos se aproximaram dele. Tomou a palavra e começou a ensinar. Quem são os felizes, para Jesus?

Todos: Felizes são os misericordiosos, os puros de coração, os pacíficos, os mansos, os pobres em espírito, os que sofrem porque serão consolados.

Música: O Reino de Deus é meu – Pe. Zezinho (CD Deus é Bonito).

3. O Reino de Deus é um jeito de ser e viver

Leitor 2: Jesus diz que o Reino de Deus é parecido com o fermento. O que Jesus quer nos ensinar com esta comparação?

Catequista: O fermento faz a massa de bolo crescer. Com esta comparação, Jesus quer nos dizer que o fermento é a Graça de Deus, derramada em nós. Nós somos a farinha. E o Reino vai crescendo em nosso interior.

Todos: O Reino de Deus é um jeito de ser e viver, fazendo deste mundo um mundo de irmãos, filhos do Pai que está nos céus.

Leitor 3: Jesus veio trazer, para nós, uma grande novidade: o Reino de Deus. Jesus nos revela um Pai misericordioso, que nos ama do jeito que somos, com nossos defeitos e nossas qualidades. Um Pai sempre pronto a nos acolher com um abraço amoroso.

Catequista: O Reino que Jesus veio nos revelar, começa pequeno, como uma semente, mas a força de Deus faz este Reino crescer em nosso coração e no mundo.

Todos: Jesus, eu quero ter um coração humilde e generoso que saiba acolher a todos com carinho e atenção, me tornando, assim, anunciador do teu Reino.

4. As riquezas do Reino de Deus

Leitor 4: O Reino de Deus é o reino do amor, da amizade, da partilha, da solidariedade, da justiça, da bondade, da alegria, da paciência, da ousadia, da mansidão, da ternura, da tolerância, da compreensão, da humildade, da união...

Leitor 5 : É, principalmente, o Reino da misericórdia e do perdão. Então, o que é perdoar?

Catequista: Perdoar é aceitar o pedido de desculpas, é estar disposto a acabar com a raiva, com a mágoa da ofensa. É estar disposto a aceitar a pessoa novamente, apesar da ofensa que ela cometeu contra nós.

Todos: Querido Jesus, dai-me um coração misericordioso, sempre disposto a perdoar.

Música: Coração Bonito – Pe. Zezinho (CD Deus é Bonito).

5. Proclamação da Palavra

Catequista: Jesus também comparou o Reino de Deus a um tesouro escondido.

Aclamação a Palavra: Canto a escolha

Leitor 6: Mt 13,44-46.

Reflexão

A descoberta deste tesouro que é o Reino de Deus nos enche de alegria por estarmos participando dele, aprendendo, a cada dia, que este Reino não tem preço, é a melhor escolha que podemos fazer. E, se quisermos encontrá-lo, ele já está entre nós.

Podemos agora fazer uma pequena partilha. Cada um diz o que mais gostou de descobrir sobre o Reino de Deus. (Deixar um tempo para o grupo partilhar e fazer breves comentários.)

6. Preces

Catequista: Querido Jesus, queremos aprender contigo a receber e conviver bem com todas as pessoas: em casa, com minha família: (cada um diz o nome dos membros da família); na escola, com os professores, colegas e amigos (pense em cada um deles); na nossa comunidade, com os vizinhos. (Pode dizer os nomes dos que convive menos.)

Todos: Querido Jesus, seguindo o teu exemplo, quero realizar a tua vontade na minha vida. Onde eu encontrar alguém com raiva, querendo vingança, que eu faça o perdão acontecer; onde houver briga, bate boca, que eu leve a união; onde eu encontrar alguém desesperado, duvidando de tudo, que eu encoraje a buscar a fé novamente. Que eu leve, aonde eu for, a alegria e a verdade e que eu seja, sempre, um mensageiro de tua paz. Obrigado Jesus por eu ser parte de tua família. Amém!

Catequista: Jesus nos ensinou a chamar Deus de Pai. Rezemos juntos, de mãos dadas, como irmãos que se amam, a oração que Jesus nos ensinou.

Todos: Pai nosso...

7. Bênção final

Catequista: Abençoe-nos ó Deus cheio de bondade e misericórdia: o Pai, o Filho e o Espírito Santo. Amém!

A vida de Jesus
na nossa vida

17   Amar do jeito de Jesus

O amor é paciente, não é invejoso, tudo desculpa, tudo crê, tudo espera. (Cf. 1Cor 13,4a.7)

Objetivos do encontro

- Compreender que amar do jeito de Jesus é amar a todos e amar sempre.

- Perceber que o amor nos faz pessoas melhores, capazes e dedicar a vida pelo bem do outro e do planeta.

> Neste encontro, o catequizando irá observar que as atitudes são mais fortes que as palavras. Amar do jeito de Jesus é amar a todos, amar sempre.

Material necessário

- Providenciar a música "Amar como Jesus amou" – Pe. Zezinho (CD Histórias que eu Canto e Conto). Pode ser encontrada na internet. Se possível providenciar para que todos tenham acesso à letra para cantar (cartaz, Datashow, impressão...).

- Preparar fichas com as frases:

1. Quem ama é paciente e bondoso.
2. Quem ama não é ciumento, nem orgulhoso, nem vaidoso.
3. Quem ama não é grosseiro, nem egoísta, não fica irritado, nem guarda mágoas.
4. Quem ama nunca desiste, porém suporta tudo com fé, esperança e paciência.

Preparação do ambiente

- Uma mesa com uma toalha bonita, flores naturais, vela acesa, Bíblia aberta.
- Espalhar ao redor da Bíblia as fichas com as frases acima indicadas.
- Cadeiras em semicírculo, frente à mesa.

PASSOS DO ENCONTRO

➡ **OLHAR A NOSSA VIDA**

Vou contar uma história real, é sobre a vida de Dorothy Stang. (Se possível narrar com suas palavras. Ela também se encontra no livro do catequizando.)

Irmã Dorothy Stang

Era uma vez, uma mulher muito corajosa. Seu coração tinha muito amor para dar. Por isso, ela estava sempre ajudando alguém, consolando, animando, ensinando e orientando. Seu nome era Dorothy. Ela nasceu nos Estados Unidos e se tornou freira aos 19 anos de idade. Com 35 anos, ela descobriu um país grande, o Brasil e, nele, o destino escolhido foi a Região Amazônica para realizar sua missão. Chamou sua atenção o fato de ser um país grande em tamanho e desigualdade sociais.

Irmã Dorothy aqui viveu muito anos e naturalizou-se brasileira. Defendia a floresta Amazônica na região de Anapu, no Estado do Pará. Orientava projetos de reflorestamento em áreas estragadas pelo desmatamento. Dedicou mais de 30 anos de sua vida nesta missão e foi assassinada por isso.

> Explicar o sentido da palavra NATURALIZAR = ganhar o direito de ser cidadã brasileira.

Esta é a história de uma mulher de um grande coração, que doou a sua vida para defender os mais pobres e a floresta Amazônica, tão desmatada, tão desprotegida.

O que Irmã Dorothy nos ensina com sua vida? (Ouvir.) Esta mulher amou tanto, que não teve medo de dar a própria vida para defender os empobrecidos e a floresta Amazônica.

➡ ILUMINAR A NOSSA VIDA

Uma vez, Jesus disse: *"Este é o meu mandamento: amai-vos uns aos outros, assim como eu vos amei."* Jo 15,12. Irmã Dorothy cumpriu direitinho este mandamento de Jesus, não é? Mas, como é amar do jeito de Jesus? (Ouvir.)

São Paulo, um grande discípulo de Jesus, explicou para uma comunidade de uma cidade chamada Corinto como é amar do jeito de Jesus.

📖 Com a Bíblia na mão narrar o texto de 1Cor 13,4-8a.

Vivemos tempos de ódio, violência, guerras, intolerância. Parece que vamos nos acostumando a ver o ódio e a violência nos noticiários como um espetáculo a mais. Também nas redes sociais vemos muito ódio. E, muitas vezes, não percebemos as verdadeiras consequências do ódio sobre as pessoas. É preciso mais do que nunca resgatar o sentido do amor; afinal, ele é o motor de uma vida intensa e feliz.

O coração que não ama é um coração sem vida, seco... O coração que não ama é um coração vazio de Deus. Quando amamos é como se escrevêssemos o nome das pessoas em nossos corações. Por isso, podemos imaginar o coração de Deus cheio de nomes: o teu, o meu e o de todos. Também os daqueles a quem ninguém chama e a quem ninguém os leva em seu coração.

Para saber se de verdade amamos a Deus, basta olhar se levamos Seu nome em nosso coração. Se de verdade amamos o nosso próximo, basta olhar quantos nomes estão escritos no nosso coração. Para saber a quantos não amo, basta olhar no coração e ver quantos nomes apagamos, quantos nunca escrevi ou quantos faltam.

Ser amigo de Jesus, amar como Jesus amou é encher o coração de nomes, mesmo que muitos deles nunca tenhamos escutado. Também a natureza com suas belas florestas e animais pode ser inscrita em nosso coração, como foi no de Ir. Dorothy. O seguidor de Jesus que entrega sua vida pela causa do Evangelho e por amor à humanidade, tem o coração cheio de nomes, inclusive aqueles que nem conhece, mas que continua amando, dedicando a sua vida para que algum dia também eles vivam o amor de Deus.

O amor verdadeiro vai nos fazendo ser mais paciente, a não ser invejoso, nem orgulhoso, nem cheio de vaidades. O amor verdadeiro vai nos transformando, vamos aprendendo a não guardar mágoa, a querer o bem do outro. Se eu amo uma pessoa, uso de delicadeza, de generosidade para com ela. Se eu amo uma pessoa, eu a desculpo e a ajudo a melhorar a nossa amizade, a nossa convivência. Quem ama nunca desiste, porém suporta, enfrenta tudo com fé e esperança.

Amar é algo essencial na nossa vida. O amor é eterno. Eu poderia até fazer coisas maravilhosas, mas se eu não tivesse amor, eu não seria nada. E o amor é contagioso e nos faz mais humanos e fraternos, nos torna corajosos defensores da vida humana e também da vida do planeta.

Música: Amar como Jesus amou (Pe. Zezinho).

➡ NOSSO COMPROMISSO

São Paulo nos ensinou quais são as atitudes de quem ama. Escolha, para esta semana:

- Duas atitudes para viver o amor em família.
- Duas atitudes para viver o amor na escola onde frequenta.

Esta atividade deverá ser feita no livro do catequizando.

➡ CELEBRAR O NOSSO ENCONTRO

Em pé e em círculo, vamos rezar a partir de alguns textos da Bíblia que nos falam do amor de Deus. (As orações se encontram no livro do catequizando.)

Todos: Senhor, ensina-me o teu jeito de amar!

1. "Assim como o meu Pai me ama, eu amo vocês, portanto, continuem unidos comigo, por meio de meu amor por vocês." (Jo 15,9-10)

Todos: Senhor, ensina-me o teu jeito de amar!

2. "Vejam como é grande o amor que o Pai nos concedeu: sermos chamados filhos de Deus, o que de fato somos! Por isso, se o mundo não nos conhece, é porque não O conheceu". (1Jo 3,1-2)

Todos: Senhor, ensina-me o teu jeito de amar!

3. "O que eu peço a Deus é que o amor de vocês cresça, cada vez mais, e que tenham sabedoria e um entendimento completo, a fim de que saibam escolher o melhor". (Cf. Fl 1,9-10)

Todos: Senhor, ensina-me o teu jeito de amar!

4. "Deus amou tanto o mundo, que deu o seu Filho único, para que todo o que nele crer não pereça, mas tenha a vida eterna". (Jo 3,16)

Todos: Senhor, ensina-me o teu jeito de amar!

Rezemos juntos (a oração se encontra no livro do catequizando):

> *Meu querido Jesus!*
>
> *Que bom que estou aprendendo a amar do Teu jeito!*
>
> *Não somente por palavras, mas assumindo atitudes que mostrem o meu amor por minha família, meus amigos, meus colegas da escola, meus professores.*
>
> *Quero o meu coração cheio de nomes e conto com o teu amor, para tornar o meu coração mais humilde, paciente e generoso como o Teu. Amém!*

➡ **NO LIVRO DO CATEQUIZANDO**

- Orientar as atividades propostas.
- A primeira atividade é possível ser realizada em pequenos grupos e depois partilhada com todos.

➡ **NA NOSSA FAMÍLIA**

- Perguntar à sua família, se já conhecem a história de Irmã Dorothy. Se não conhecem contar para todos.

18   Viver a compaixão

*Jesus, cheio de compaixão, estendeu a mão,
tocou nele. (Cf. Mc 1,41)*

Objetivos do encontro

- Compreender que a compaixão é um sentimento de profundo amor para com aqueles que sofrem, buscando aliviar a situação, através de uma ação de bondade.

- Despertar a compaixão que nos faz ver que o bem dos outros é o nosso bem e sua dor, nossa dor.

Ao final deste encontro, o catequizando precisa compreender que a compaixão é sentir a dor do outro e buscar aliviar seu sofrimento. Viver a compaixão como Jesus nos pede é aprender a olhar as pessoas como Jesus olhava, é querer o bem do outro.

Material necessário

- Providenciar fichas com as palavras: COMPAIXÃO, EXCLUSÃO.

- Imagem de pessoas doentes em hospitais, imagens de pessoas procurando emprego e outras imagens de situações de exclusão. (Podem ser encontradas na internet e projetadas no Datashow, quando possível.)

Recorte de bonequinhos de mãos dadas.

- Providenciar fichas com nomes de pastorais que realizam ações de compaixão e solidariedade de nós cristãos para com os que mais precisam. Veja o que existe na paróquia e comunidade (pastoral da criança, pastoral da pessoa idosa, pastoral da saúde e outros).

Preparação do ambiente

- Colocar no chão, no centro do local do encontro, uma toalha bonita e sobre ela espalhar recorte de bonequinhos de mãos dadas, as fichas com os nomes das pastorais, vela acesa, Bíblia aberta, flores e algumas imagens sugeridas.
- Cadeiras dispostas em círculo ou assentar-se no chão.

PASSOS DO ENCONTRO

➡ **OLHAR A NOSSA VIDA**

Vamos ouvir a história da Natália e a descoberta de que um sorriso pode modificar a realidade e até o mundo em que vivemos.

Narrar a história com suas palavras. Ela também se encontra no livro do catequizando.

O poder de um sorriso

Lucimara Trevizan

Natália havia perdido sua avó há pouco tempo quando descobriu o efeito de um sorriso. A avó da Natália chamava-se Palma, nome de flor. Quando era pequena era a avó quem cuidava dela enquanto a mãe estava no trabalho. Ela amava muito essa avó que lhe contava histórias fascinantes, além de fazer a comida mais gostosa. Mas, sua avó ficou doente e desde então ela acompanhava a mãe ao hospital e ficava com a avó. Às vezes elas nem tinham assunto, mas ficavam juntinhas, segurando a mão uma da outra.

E Natália aprendeu que amar também dói. Ela percebeu que sua avó já idosa estava cada vez mais doente e ela podia perder essa avó querida, como sua amiga Juliana perdeu a sua. Ninguém falou nada sobre isso para ela, mas Natália passou a aproveitar todo o tempo que tinha pra ficar juntinho da avó. Quando ela tinha que ir para o hospital ver sua avó, Natália podia ver que havia muitas outras pessoas doentes e também várias crianças. Viu também que havia pessoas sozinhas e crianças tristes e seu coração ficava apertado, sem saber como ajudar.

Foi sua avó quem deu a sugestão de separar brinquedos que ela não usava mais e levar para aquelas crianças tristes. Quando sua avó faleceu, sentindo todo amor por ela e ainda triste, Natália se lembrou da sua sugestão e achou que podia fazer o que ela sugeriu. Então, pediu ajuda a sua mãe e levou os brinquedos que não usava mais e livros de histórias, para a ala infantil do hospital. Quando viu o sorriso de uma menina ao ganhar uma boneca e o de um menino com o ursinho que ganhou, entendeu que podia modificar realidade de algumas pessoas quando provocava esses sorrisos. A vida ficava melhor. E não parou mais, passou a pedir ajuda a seus amigos de escola, recolhia brinquedos e livros pra entregar às crianças doentes.

Quando cresceu Natália quis ser enfermeira e hoje trabalha cuidando das crianças doentes de um hospital. Ainda provoca sorrisos nos rostinhos tristes.

Natália viveu uma situação muito triste, perdeu a avó que amava. Viu a dor e tristeza de crianças doentes, sentiu a solidão e sofrimento que elas sentiam e quis fazer algo que devolvesse o sorriso naqueles rostos.

➡ **ILUMINAR A NOSSA VIDA**

Na época de Jesus quem tinha uma doença chamada lepra (hoje Hanseníase) não podia conviver com os outros, dentro da cidade, ficava em um lugar isolado. A pessoa era, então, EXCLUÍDA (mostrar a ficha) do meio do povo: era proibida de se aproximar de alguém sadio. Jesus encontra um desses leprosos quando está atravessando uma região solitária. Apesar de ser proibido se aproximar de alguém, aquele homem sofrido chega perto de Jesus e suplica sua ajuda.

📖 Com a Bíblia na mão ler o Evangelho de Mc 1,40-42.

Aquele homem carregava a marca da exclusão. As leis o condenavam a viver afastado de todos. É um ser impuro. De joelhos, o leproso faz uma súplica humilde a Jesus. Sente-se sujo. Sabe que está transgredindo a lei ajoelhando-se diante de Jesus, quando devia estar longe. Jesus sente compaixão ao ver a seus pés aquele ser humano desfigurado pela enfermidade e pelo abandono de todos. Jesus estende a mão, seu toque é amoroso e fraterno e o tira da EXCLUSÃO, (mostrar a ficha) o leproso pode voltar a conviver com sua família, amigos e conhecidos.

Jesus era assim, cheio de COMPAIXÃO (mostrar a ficha). O que é isso, compaixão? (Ouvir.) A compaixão é a capacidade de sentir com o outro as suas dores, sobretudo o outro que foi marcado pelas circunstâncias difíceis ou desagradáveis da vida. No caso desse homem que Jesus encontra, sua marca é a doença e o sofrimento pela exclusão que ela causa. Compaixão é um sentimento profundo de amor para com aqueles que sofrem, buscando aliviar sua situação, através de uma ação de bondade. Só a compaixão me faz entender o que o outro sente, sobretudo de quem está sofrendo. A compaixão nos faz ver que o bem dos outros é o nosso bem e sua dor, nossa dor. Jesus era assim, sentia a dor das pessoas, sobretudo das que estavam excluídas.

Em nossa realidade também há muitas situações de exclusão. Existem muitas crianças sem escola e outras morando na rua porque os pais perderam tudo. Outras pessoas sem direito a um bom atendimento em hospitais, outras que são excluídos pela cor da pele. Quais outras situações de exclusão vemos em nosso país? (Ouvir.)

A Natália da história que ouvimos sentiu compaixão pela avó que amava e pelas crianças doentes e isso mudou sua vida. Nosso mundo precisa de compaixão. Jesus vai ao encontro das necessidades das pessoas, mas quer que cada um de nós também realize atitudes de compaixão. Ele quer alcançar todas as pessoas para levar o amor de Deus.

➡ **NOSSO COMPROMISSO**

Viver a compaixão como Jesus nos pede é aprender a olhar as pessoas como Jesus olhava. Ele captava o sofrimento, a solidão, o abandono que muitos sofriam. Então precisamos ativar a compaixão, nossa capacidade de sentir a dor e necessidades do outro. Vamos observar as pessoas, pode ser que na sua família há uma pessoa idosa que precisa de alguém para conversar. Pode ser que haja perto de você um amigo que está isolado, sentindo-se deslocado, conheça-o melhor, ofereça sua amizade. Pode haver alguma pessoa que perdeu alguém querido e está sofrendo, ofereça seu abraço. Mas, sobretudo, é importante reconhecer que não podemos ficar indiferentes (não ver, não sentir) ao sofrimento das pessoas. Isso nos pede Jesus. O que fazer para não ser indiferente ao sofrimento das pessoas? (Ouvir.)

A nossa Igreja, através de ações, em muitas comunidades e paróquias, procura viver a compaixão que um amigo de Jesus precisa praticar.

- Identificar o que existe de pastorais na paróquia que cuidam de pessoas em situações de vulnerabilidade: pastoral da criança, pastoral do idoso, pastoral do menor, pastoral da saúde e outras. Além de obras sociais como creches e outros.
- Comentar com as crianças o que já existe na comunidade. (Colocar as fichas com os nomes dessas pastorais no chão ao redor da Bíblia.)

➡ **CELEBRAR O NOSSO ENCONTRO**

Em silêncio vamos pedir a Deus que nos ajude a ter mais compaixão. (Colocar, se possível, um fundo musical.)

Ao redor da Bíblia e em pé, rezemos juntos (a oração também se encontra no livro do catequizando):

> *Senhor, hoje quero pedir somente uma coisa.*
> *Peço somente que olhe para mim com seu olhar cheio de amor e compaixão.*
> *Olhe para mim dia após dia, pois preciso do Teu olhar.*
> *Quero colocar minhas mãos dentro das tuas*
> *e só sentir Teu olhar amoroso para mim.*
> *Espero também olhar com amor e compaixão para todas as pessoas,*
> *sobretudo para aquelas que sofrem. Amém!*

Pai nosso...

➡ **NO LIVRO DO CATEQUIZANDO**

- Orientar as atividades do livro. Elas poderão ser feitas em pequenos grupos, se houver tempo, ou individualmente em casa.

➡ **NA NOSSA FAMÍLIA**

- Descobrir alguém que precise de algum tipo de ajuda, e socorrê-la nesse momento de dificuldade.

19 — Aprender a partilhar

Todos comeram e ficaram saciados. (Mt 14,20)

Objetivos do encontro

- Descobrir-se capaz de realizar a partilha dos bens e dos dons com os que mais precisam.

- Perceber que vivemos numa sociedade que gera exclusão e um amigo de Jesus não pode ser indiferente a essa realidade.

Ao final deste encontro, o catequizando precisa estar convencido de que todos temos algo a dar e algo a receber. Jesus quer tornar cada um de nós participantes da sua compaixão, como pessoas que também partilham o pão e a vida uns com os outros.

Material necessário

- Providenciar a música: Dai-lhes vós mesmos de comer – CD Cantos para a Missa, música de ofertório. Pode ser encontrada na internet. Se possível providenciar para que todos tenham acesso à letra para cantarem (cartaz, Datashow, impressão...).

- Um pão para ser repartido.

- Cenas de ceias fartas e cena de crianças sem alimento para comer, mesa vazia, prato vazio e outros. As imagens podem ser encontradas na internet ou, então, utilizar gravuras de revistas ou jornais.

- Verifique se há na paróquia alguma creche ou outra obra social que necessita de alguma ajuda, ou ainda, uma família com crianças que também precisa da solidariedade da comunidade. Se possível mostre fotos da obra social escolhida ou da família. No final deste encontro defina com os catequizandos como ajudar.

Preparação do ambiente

- Colocar uma toalha bonita no chão com flores, vela acesa, Bíblia aberta e um prato com um pão, para ser repartido com todos.
- Sobre a toalha, colocar, ainda, as gravuras indicadas no material necessário.
- Organizar os catequizandos ao redor da toalha.

PASSOS DO ENCONTRO

➡ **OLHAR A NOSSA VIDA**

Mostrar as cenas de miséria e fartura e conversar sobre elas. Deixar que cada catequizando escolha uma e diga que sentimentos aquela cena provoca em si. Onde houver possibilidade as cenas poderão ser projetadas no Datashow.

Por que será que existe tanta desigualdade neste mundo? (Ouvir.) São várias as causas dessa desigualdade, mas podemos dizer que boa parte delas tem como origem o fato de que as pessoas são egoístas, querem tudo para si, querem ser e ter mais que os outros, não sabem partilhar. Nosso mundo é desigual, há os que têm tudo e querem ter mais e uma grande multidão de pessoas, sobretudo nos países mais pobres, que estão abaixo da linha da pobreza. O que é isso? Já ouviram falar? (Ouvir.) São pessoas que não tem trabalho, não tem acesso à escola, a uma boa saúde, quase não têm o que comer. No Brasil o número de pessoas nessas condições é assustador.

Temos um sistema econômico no mundo que gera muita exclusão. É possível que haja em nossa cidade e bairro, pessoas na miséria. Nós cristãos não podemos ficar indiferentes a essa situação.

➡ **ILUMINAR A NOSSA VIDA**

Jesus quis ensinar outro estilo de vida para nós. Por isso, onde chegava, todos iam ao seu encontro.

📖 Com a Bíblia na mão, narrar com suas palavras o Evangelho de Mt 14,14-21.

O que Jesus nos ensina neste texto? (Ouvir.) Aquele menino possuía tão pouco! Entregou a Jesus tudo o que tinha e Ele multiplicou, alimentou a multidão e ainda sobrou. O pouco que temos e partilhamos se torna muito na presença de Jesus. Existe um provérbio português, que diz assim: "Ninguém é tão rico que não possa receber, nem tão pobre que não possa dar". Aprendamos com aquele menino e coloquemos o pouco que temos à disposição de todos. Assim, veremos o milagre acontecer.

Pode ser que entramos na "onda" da nossa sociedade e acumulamos muita coisa achando que isso nos faz felizes. Temos brinquedos e roupas que nunca usamos, por exemplo, ou desperdiçamos comida. O que jogamos fora faz falta na casa e na mesa de muitas crianças.

Jesus tem compaixão da multidão, está atento às necessidades das pessoas, mas quer tornar cada um de nós participantes da sua compaixão, como pessoas que também partilham o pão e a vida uns com os outros, sobretudo com as pessoas que não tem o que comer, onde morar, o que vestir...

➡ **NOSSO COMPROMISSO**

Jesus quer nos ensinar a partilhar, tudo o que temos e somos. Precisamos aprender a partilhar.

Contar aos catequizandos se há na área da paróquia alguma obra social (creche) ou família (de preferência com crianças pequenas) que está precisando de ajuda.

Definir o tipo de ajuda: alimentos, roupas, brinquedos... Combinar de trazer no próximo encontro. Mas, também combinar, se possível, de ir visitar a família ou a obra social. Fotos da família ou obra social poderão ser mostradas ao grupo.

➡ **CELEBRAR O NOSSO ENCONTRO**

Tendo presente no coração todas as pessoas que sofrem, sobretudo as crianças que neste momento não têm o que comer vamos fazer um minuto de silêncio...

Vamos cantar pedindo a Deus que nos faça mais solidários.

Música: "Dai-lhes vós mesmos de comer".

Rezemos juntos, bem devagar:

*Jesus querido, quero aprender contigo, a partilhar.
Que minhas mãos partilhem o pão e o amor, além da confiança em Ti.
Que minhas mãos estejam estendidas para dar uma mão amiga a quem precisa.
Que minhas mãos unidas enxuguem lágrimas e realizem gestos de fraternidade.
Que minhas mãos abertas possam proteger, unir e cuidar da vida.
Quero ter no coração o amor que ama a todos, como o Teu.
Amém!*

Pai nosso...

➡ **NO LIVRO DO CATEQUIZANDO**

Orientar as atividades do livro. Veja as que poderão ser feitas em pequenos grupos, se houver tempo.

➡ **NA NOSSA FAMÍLIA**

Contar, em casa, os compromissos assumidos no encontro. Veja como sua família poderá ajudar.

20   Acolher e cuidar de todos

Todas as vezes que vocês fizeram isso a um dos menores de meus irmãos, foi a mim que o fizeram. (Cf. Mt 25,40)

Objetivos do encontro

- Despertar atitudes de cuidado e acolhida com todos, independente de parentesco e amizade.
- Compreender que acolher e cuidar dos que sofrem é acolher o próprio Jesus.

É imprescindível que o catequizando reconheça que somos todos irmãos, por isso, precisamos ter atitudes de acolhida com todos, como gostaríamos que fizessem da mesma forma conosco. Os amigos de Jesus são os que cuidam uns dos outros, sobretudo dos que mais sofrem.

Material necessário

- Procurar a música "Vamos viver como Jesus" (Verônica Firmino) – CD Jesus nosso amigo – Paulinas-Comep. Se possível providenciar para que todos tenham acesso à letra para cantarem (cartaz, Datashow, impressão...).
- Uma foto de Dom Luciano Mendes de Almeida (também pode ser mostrada no celular ou projetada no Datashow).
- Faixa com o versículo, orientador do encontro: "...todas as vezes que fizestes isso a um dos menores de meus irmãos, foi a mim que o fizestes" (cf. Mt 25,40).
- Ficha com a palavra CUIDAR.

Preparação do ambiente

- Organizar uma mesa coberta com uma toalha bonita, vela acesa, flores, Bíblia aberta e a foto de Dom Luciano, disposta de maneira que todos possam contemplá-la.
- Pregar a faixa à frente, na toalha da mesa, à vista de todos.
- Cadeiras em semicírculo, à frente da mesa.

PASSOS DO ENCONTRO

➡ **OLHAR A NOSSA VIDA**

Um de vocês vai dizer o nome de uma pessoa muito importante em sua vida e contar para nós, porque ela é importante. O catequista deve direcionar as perguntas de modo que a conclusão final é que esta pessoa cuida do catequizando que mencionou. Por exemplo, se o catequizando disser que esta pessoa lhe dá alimento, concluir que esta atitude se chama CUIDAR. (Mostrar a ficha.)

Então, o que é CUIDAR? Cada um vai completar a frase: Cuidar é... (Ouvir.)

Cuidar é aceitar os outros como eles são, compreendendo que somos diferentes, uns dos outros. Cuidar é perceber que o outro está triste e acolhê-lo, com carinho e compreensão. Cuidar é mostrar ao outro que ele é importante para nós e que queremos o seu bem-estar. Cuidar é incentivar, animar o outro para ajudá-lo a vencer os seus problemas. Cuidar é fazer-se irmão de todos.

Hoje, vamos conhecer a história de um homem de Deus, que passou a sua vida cuidando dos outros. Um homem que sabia acolher e se fez irmão de todos (mostrar a foto de D. Luciano e perguntar se o conhecem. Dizer quem ele é). Se possível, não ler, mas contar a história da vida dele.

Dom Luciano – servo dos pobres e pequenos

Dom Luciano nasceu no Rio de Janeiro em 1930. Quis ser padre e após os estudos ordenou-se em 1958. Depois foi sagrado Bispo (explicar o que quer dizer esta expressão: *sagrado Bispo = consagrado, dedicado ao serviço de Deus*) auxiliar em São Paulo, com o lema *"a serviço de Jesus"*. (Explicar que o bispo escolhe uma frase que inspira a missão assumida.)

Sempre teve um coração generoso. E, ao encontrar-se com as pessoas, antes de cumprimentá-las, colocava-se à disposição delas com a pergunta: *"Em que posso lhe ajudar?"*. Muitas pessoas contam que ele recolhia os mendigos que dormiam à porta de sua casa à noite, lavava-lhes os pés, preparava pessoalmente uma sopa, servida carinhosamente a cada um. Tudo feito com alegria e isso aumentava sua felicidade de viver.

Em 1988 foi nomeado arcebispo de Mariana, MG, unindo intensa vida pastoral com o dia a dia visitando e socorrendo doentes em hospitais e asilos. Para Dom Luciano, o rosto do pobre era tão claramente o rosto de Cristo como a luz do sol. Ele amou e se preocupou com as crianças e adolescentes que viviam nas ruas brasileiras. Durante anos acompanhou o trabalho pastoral da nossa Igreja, que cuida de crianças e adolescentes. Diziam dele: "Dom Luciano, a caridade em pessoa"!

Dom Luciano faleceu no dia 27 de agosto de 2006. Foi um homem que deu um enorme testemunho de amor, amor a todos, sobretudo aos humildes e pequenos. Suas últimas palavras foram: *"cuidem dos pobres, não se esqueçam dos pobres"*.

O significado de seu nome é "nascido da luz". Ele foi uma luz que brilhou. Dom Luciano viveu os ensinamentos de Jesus, como um discípulo fiel, a serviço do Reino de Deus. Acolhia e cuidava de todos.

➡️

O que Dom Luciano nos ensina com seu exemplo? (Ouvir.)

Seu exemplo nos mostra que, amar Jesus é amar e cuidar de todos como irmãos d'Ele e nossos.

📖 Com a Bíblia na mão, narrar com suas palavras o Evangelho de Mt 25,34-40.

Jesus disse uma vez: "Venham, abençoados de meu Pai, e recebam o Reino que Ele preparou para vocês. Pois eu estava com fome, e vocês me deram comida, estava com sede, e vocês me deram água. Estava sem roupa, e vocês me vestiram; estava doente e vocês cuidaram de mim". E as pessoas perguntaram a ele: "Senhor, quando foi que te vimos com fome, com sede, sem roupa ou doente?". Ele respondeu: "...todas as vezes que vocês fizeram isso a um dos menores de meus irmãos, foi a mim que o fizeram".

É Jesus mesmo quem acolhemos ao acolher e cuidar das pessoas em situação de vulnerabilidade, ou seja, que se encontram em situação de desigualdade social, econômica, de direitos à saúde e educação. Por isso, Dom Luciano, viveu acolhendo e cuidando dos irmãos que sofrem. Isso é ser sinal do Reino de Deus. E esse é o motivo pelo qual nossa comunidade cristã também possui ações de cuidado em relação a tantos que precisam de ajuda. Como já vimos, são ações pastorais que cuidam de crianças, jovens, idosos, pessoas sem moradia e outros.

É difícil entender, mesmo para os adultos, que existam pessoas que maltratam e ferem os outros. Quantas crianças trabalham nas ruas, nos semáforos quando deviam estudar, brincar. Então os cristãos, a exemplo de Jesus, procuram estar ao lado, cuidando, defendendo a vida, especialmente a das crianças.

Música: Vamos viver como Jesus – Verônica Firmino (CD Jesus nosso amigo – Paulinas-Comep).

➡ **NOSSO COMPROMISSO**

Podemos também ter atitudes de atenção e cuidado:

- Acolher a todos, independente de parentesco e amizade, aceitando as diferenças de cada um.
- Olhar nos olhos do outro, sentindo o seu sofrimento, indo ao seu encontro, para apoiá-lo e compreendê-lo.

- Mostrar ao outro que ele é importante, animando-o a vencer as dificuldades do momento.
- Incentivar o outro a ir em busca de seus sonhos, com fé e alegria.
- Fazer aos outros aquilo que você gostaria que lhe fizessem.
- Estar pronto a ajudar a quem precisa.

Cuidar é um ato de amor.

- Quais dessas atitudes podemos assumir para cuidar melhor do nosso grupo na catequese? (Ouvir.)

E o que você pode assumir nesta semana? Descubra uma pessoa que está precisando de atenção e cuidado e dedique esta semana, cuidando dela. Peça ajuda para a sua família.

➡ **CELEBRAR O NOSSO ENCONTRO**

Rezemos para que Deus nos inspire gestos e atitudes de cuidado. (A oração se encontra no livro do catequizando.)

Vamos rezar primeiro em silêncio. (Dar tempo.)

Agora em pé, ao redor da Palavra de Deus, rezemos juntos:

> *Querido Deus,*
> *O mundo não está bem do jeito que o Senhor quis.*
> *Há muitas crianças na pobreza, na miséria e desprotegidas.*
> *Tudo por causa da maldade humana!*
> *Que possamos reconhecer tua presença nos que sofrem.*
> *Desperta em nós um olhar e atitudes de cuidado.*
> *Oferece-nos Teu colo, mesmo quando fechamos nosso coração às pessoas, porque Tu és amor e compaixão.*
> *Acolhe-nos mesmo quando não acolhemos os que mais precisam.*
> *Como crianças queremos ser Tua Luz de amor no mundo. Amém!*

➡ **NO LIVRO DO CATEQUIZANDO**

- Orientar as atividades do livro. A primeira atividade pode ser feita em pequenos grupos.

➡ **NA NOSSA FAMÍLIA**

- Conversar sobre o tema do encontro e juntos escolher uma pessoa que está precisando de atenção e cuidado para se dedicar esta semana, cuidando dela, da maneira que puder contando com a ajuda e participação de sua família.

21 — Proteger e cuidar do planeta

Na grandeza e na beleza das criaturas, contempla-se o seu Criador. (Cf. Sb 13,5)

Objetivos do encontro

- Compreender que construir o Reino de Deus é também defender a vida do Planeta.

- Estimular o catequizando para ações concretas de proteção e cuidado com a natureza.

Este encontro deverá estimular o catequizando a se tornar um protetor da natureza e um parceiro na preservação da vida, ajudando assim a construir o Reino de Deus.

Material necessário

- Este encontro pode ser realizado num local com área verde, se possível. Por exemplo, um jardim, uma praça. Ou então, organizar no próximo encontro um passeio a um jardim ou praça da cidade.

- Vasos com plantas ou flores para decorar o ambiente.

- Imagem ou estampa de São Francisco de Assis.

- Imagem de uma tartaruga marinha (que também pode ser projetada ou mostrada no celular).

- Providenciar as músicas "Louvado sejas, meu Senhor, Aleluia! (Frei Antonio Fernando Fabretti) ou "Cântico das criaturas" (Zé Vicente). Ambas podem ser encontradas na internet. Se possível providenciar para que todos tenham acesso à letra para cantarem (cartaz, Datashow, impressão...).

Preparação do ambiente

- Colocar no chão uma toalha e sobre ela flores, vela acesa, Bíblia aberta, a imagem de São Francisco de Assis, a figura da tartaruga marinha.
- Vasos com plantas ou flores podem ser colocados para enfeitar o espaço do encontro.
- Cadeiras dispostas em círculo ao redor da toalha (ou os catequizandos sentados no chão, dependendo de onde for realizado o encontro).

PASSOS DO ENCONTRO

➡ **OLHAR A NOSSA VIDA**

Vou contar a história da Maria Clara. Vamos ficar bem atentos.

Ajudando a mãe natureza

Fausta Maria Miranda

Maria Clara, uma menina de 10 anos, vivia na cidade da Mata de São João, na Bahia, com seu pai. A mãe havia morrido quando ela nasceu. Criada somente por seu pai, que era biólogo marinho (explicar o que é ser biólogo marinho = aquele que estuda a vida, espécies, meios de sobrevivência, problemas ambientais, influência do homem, tudo. Em relação ao mar), ele procurava ensinar-lhe o amor e o cuidado com os animais e a natureza.

Esta cidade fica no litoral da Bahia e tem uma praia chamada Praia do Forte. Nos meses de setembro a março, as tartarugas marinhas vão até a praia para desovar (botar ovos). O pai de Maria Clara ensinara a ela que as tartaruguinhas, ao nascer, eram bem pequenas, apenas 10 centímetros, e muito frágeis, e presas fáceis de caranguejos e aves que viviam naquela praia. A menina gostava de ver o momento em que as tartaruguinhas nasciam e corriam para o mar.

As tartarugas se aproveitam do anoitecer para botar seus ovos. Maria Clara gostava de ficar escondida atrás de um monte de areia para observar estes momentos. Um dia, ela viu uma grande tartaruga se arrastando pela praia, com dificuldade, como se estivesse morrendo. Chamou seu pai e, quando ele a examinou, ela estava engasgada com um pedaço de plástico. Provavelmente iria morrer se ele não a socorresse. Logo que o pai de Maria Clara conseguiu tirar o plástico da garganta da tartaruga, ela voltou a respirar direito e foi caminhando de volta ao mar. Maria Clara bateu palmas de alegria.

Seu pai, então, explicou-lhe que a tartaruga marinha se alimenta de algas e medusas (animal marinho gelatinoso e transparente). A tartaruga confunde a medusa com o plástico e o come, muitas vezes morrendo por causa disso.

– E como este plástico chega ao mar, quis saber Maria Clara.

– As pessoas não têm cuidado com o lixo e o jogam em qualquer lugar. Vem a chuva e leva todo o lixo para o rio, mata os peixes e, como o rio corre até o mar, leva este lixo com ele. Muitos animais marinhos morrem porque comem este lixo, disse o pai de Maria Clara.

É muito triste que as pessoas não se preocupem em cuidar da natureza e dos animais. Mas isto o pai de Maria Clara lhe ensinara muito bem. Como o pai, ela amava e respeitava a vida em todas as suas espécies.

- O que a história de Maria Clara nos ensina? (Ouvir.) Alguém conhece também um animal que tem sua vida ameaçada por causa da poluição e do lixo? (Ouvir.) Por que é importante cuidar do lixo? (Ouvir.) Alguém sabe o que é Ecologia? (Ouvir.) É uma palavra pequena, mas com um significado enorme. Ecologia é a ciência que estuda as relações entre os organismos vivos (animais e plantas) e seu ambiente. Vemos como se relacionam os homens e os animais e as plantas, as florestas. Através do estudo da ecologia podemos entender como funciona a natureza e por que não podemos interferir de maneira negativa no nosso ambiente. A natureza está pedindo socorro, a vida está ameaçada. Por isso, precisamos nos unir para cuidar e proteger a natureza.

➡ **ILUMINAR A NOSSA VIDA**

Nos encontros anteriores nós vimos que Jesus anuncia o Reino de Deus. Esse Reino é amor, perdão, partilha, cuidado com os que mais sofrem, cuidado com toda a criação. Enfim, o Reino de Deus que Jesus anuncia é vida e não destruição e morte. Então, ser amigo de Jesus, ajudar a construir o Reino de Deus, é também defender a vida do Planeta.

A Bíblia tem um livro chamado Sabedoria. Nele encontramos uma afirmação bonita, que agora vamos conhecer.

📖 Com a Bíblia na mão ler o texto de Sb 13,5:

"Na grandeza e na beleza das criaturas, contempla-se o seu Criador" (cf. Sb 13,5).

Como podemos entender esta afirmação? (Ouvir.) Quem são as criaturas? (Ouvir.) Criatura é tudo o que foi criado por Deus. Cada um vai dizer o nome de uma coisa criada por Deus. (Ouvir.) O ser humano – homem e mulher, os animais, as plantas, o sol, a lua, a água, a terra, foram criados por Deus. Podemos dizer então que, quem fez tudo tão lindo e tão bom, deixou a sua marca de beleza nas coisas que criou. O universo, nosso Planeta Terra, todos os seres vivos, revelam o seu Criador: Deus mesmo.

Há muitos e muitos anos, existiu um jovem que ao ler sobre Jesus e sua proposta nos Evangelhos, mudou o jeito de ser e viver. Ele passou a amar Jesus e procurou defender e cuidar dos mais frágeis, os pobres, dos doentes. Ele chamava as criaturas de Deus de irmãos e irmãs (Irmão sol, irmã lua, irmão lobo ...). Alguém sabe quem é? (Ouvir e depois de algumas respostas mostrar a imagem sobre a mesa.) Sim, é São Francisco de Assis, protetor dos animais e padroeiro da ecologia. Ele ensinava que a gente precisa cuidar não só porque precisamos da natureza, mas porque tudo é obra de Deus. O dia mundial dos animais e da natureza é comemorado no dia 4 de outubro, mesmo dia dedicado a São Francisco de Assis, que sempre admirou e cuidou de toda criação de Deus, louvando por tudo o que existe.

Vivemos em cidades que poluem os rios e onde o ar está cada vez mais irrespirável. O lixo é jogado muitas vezes, em qualquer lugar e chega aos oceanos onde mata os animais, a vida marinha, como vimos na história da Maria Clara. E o desperdício de água? E o desmatamento? (Ouvir.) A água é um bem precioso e está ficando cada vez mais escassa. O desmatamento e as queimadas acabam com nascentes, matam animais.

Observando esta realidade precisamos aprender com São Francisco a admirar, respeitar e cuidar de toda a criação, pois o Planeta Terra é nossa casa comum, onde todos moram. Precisamos, portanto, aprender a cuidar de toda a natureza. Assim contribuímos com o Reino de Deus preservando e defendendo a vida no Planeta.

➡ **NOSSO COMPROMISSO**

Como vamos agir, a partir de hoje, para cuidarmos da natureza, presente que Deus nos deu? (Ouvir.) O que fazer para proteger nossa casa comum, o planeta terra, da poluição, do desmatamento? (Ouvir.) Podemos começar com ações dentro de casa? Como? (Ouvir.)

Podemos começar separando o lixo que pode ser reciclado, não jogando lixo na rua porque vai parar nos rios e nos oceanos. Também podemos evitar desperdício de água, não tomando banho demorado, não deixando torneira aberta. Que mais? (Ouvir.)

Pedir que cada um escreva, pelo menos, um compromisso que pode assumir para proteger e cuidar do planeta. No livro do catequizando orientar a fazer a letra B da primeira atividade proposta. Propor também, que o grupo assuma junto uma ação concreta, por exemplo, plantar uma árvore e combinar como fazer.

Sugestão: Se houver uma associação de reciclagem de lixo, na cidade, fazer uma visita com os catequizandos, para entrevistar os associados:

- O que quer dizer a palavra "reciclar"?
- Perguntar que tipo de lixo pode ser reciclado.
- Como se deve separar o lixo?

- Pode-se colocar os, plásticos, copinhos, pratos de plásticos, caixa de leite etc., sujos no saco de lixo?
- Como é feita a coleta do lixo reciclável?
- Mostrar que, além de proteger a natureza da poluição, a associação de reciclagem de lixo, é fonte de renda para muitas famílias.

➡ **CELEBRAR O NOSSO ENCONTRO**

Cada um pode ler o compromisso que assumiu para cuidar e proteger o planeta, como sinal de que está colaborando na construção do Reino de Deus. (Dar tempo para que cada um partilhe.)

Deus nos pede para cultivar e guardar a sua criação.

- Com a Bíblia na mão ler o texto de Gn 2,15.

As orações propostas na sequência também se encontram no livro do catequizando.

Vamos, devagarinho, agradecer a Deus por tanta beleza que Ele criou e nos deu de presente, neste planeta onde vivemos. Após cada prece todos repetem:

Todos: Louvado Sejas, meu Senhor!

1. Querido Deus nós Te agradecemos pela beleza das flores que enchem nossa vida de alegria.

Todos: Louvado Sejas, meu Senhor!

2. Querido Deus, nosso Pai e amigo, nós Te agradecemos pelas árvores e florestas, tão importantes para nossa vida.

Todos: Louvado Sejas, meu Senhor!

3. Querido Deus, nós Te agradecemos pelos rios e oceanos e por toda a vida neste lindo planeta.

Todos: Louvado Sejas, meu Senhor!

Motivar a lembrar outras coisas que Deus criou e agradecer também.
(Dar um tempo para isso.)

Rezemos juntos

> *Querido Deus, criador do Universo!*
> *Eu quero imitar São Francisco de Assis,*
> *no amor, no cuidado e na admiração pela Tua criação.*
> *Quero aprender a cuidar do nosso planeta, a casa de todos nós, reconhecendo que ele é Teu presente.*
> *Obrigada, Senhor, por ter me chamado a viver neste mundo tão lindo! Amém!*

Música: Cântico das Criaturas (Zé Vicente) ou "Louvado sejas, meu Senhor, Aleluia! (Frei Antonio Fernando Fabreti)

➡ **NO LIVRO DO CATEQUIZANDO**

- Orientar as atividades do livro. A primeira atividade pode ser feita em pequenos grupos e apresentada para todos.

➡ **NA NOSSA FAMÍLIA**

- No caminho até sua casa observar se há lixo nas ruas, se as pessoas cuidam do lixo.
- Observar como o lixo é tratado em sua casa. Depois conversar com os familiares sobre como preparar o lixo para a reciclagem.
- Convidar toda a família para ajudá-lo a concretizar o compromisso assumido para proteger a natureza.

22   Crer é confiar

Porque este medo, homens de pouca fé? (Mt 8,26)

Objetivos do encontro

- Perceber que a fé consiste em uma atitude de confiança amorosa em Jesus, porque sabemos que Ele nos ama e merece todo o nosso amor.

- Aprender a colocar a nossa confiança no Senhor Jesus, na certeza que Ele estará sempre ao nosso lado.

> Nesse encontro o catequizando precisa descobrir que pode aprender a confiar em Jesus na certeza de que Ele já está conosco. Crer, ter fé é uma atitude de confiança amorosa em Jesus que nos ama e quer o melhor para nós.

Material necessário

- Preparar fichas de papel com as frases: "Por que este medo, homens de pouca fé?" e "Fé é confiar".

- Faixas de panos escuros para serem utilizadas para vendar os olhos dos catequizandos. Serão formadas duplas, então providencie uma faixa para cada dupla.

- Providenciar a música "Dentro de mim" (Pe. Zezinho).

Preparação do ambiente

- Cobrir o chão com uma toalha bonita, colocando sobre ela: vela acesa, flores, Bíblia aberta.

- Os catequizandos poderão ficar sentados no chão ou nas cadeiras em círculo, em torno da toalha.

PASSOS DO ENCONTRO

➡ OLHAR A NOSSA VIDA

Vamos iniciar nosso encontro de hoje com uma pequena experiência. Vamos formar duplas (dar tempo). Um de cada dupla irá vendar os olhos do outro. (Distribuir as faixas para vendar os olhos e dar tempo.) Quem está com os olhos vendados será conduzido pelo colega que enxerga.

Colocar música instrumental baixinho e dar tempo para que os catequizandos que estão com os olhos vendados andem por todo o espaço onde é realizado o encontro, guiados pela mão do parceiro.

Dê um tempo e depois mude o par. Quem estava com a venda será o condutor. (Dar tempo e elogiar a dupla por ter cumprido a tarefa.)

Após a experiência questionar: o que cada um sentiu com os olhos vendados? (Ouvir.) Como foi experimentar andar e não enxergar nada? (Ouvir.) Como foi ser conduzido por outra pessoa? (Ouvir.) Esta é uma experiência em que precisamos confiar em quem está nos conduzindo, ou então, iremos cair ou bater nas coisas pelo caminho. Confiando na outra pessoa, mesmo que a gente se sinta inseguro, é mais fácil caminhar sem ver.

Qual a importância de se confiar em alguém? (Ouvir.) Precisamos sempre uns dos outros. Não conseguimos viver isolados, sozinhos. O outro nos ajuda caminhar, a ver o mundo diferente. Também ajuda a superar obstáculos, corrigir nossos equívocos. Mas, em quem devemos confiar? (Ouvir.) Nós confiamos em quem nos conhece e ama, em quem quer o melhor para nós. O que faz com que não confiemos em alguém? (Ouvir.) Não confiamos em quem não conhecemos, em quem mente, em quem engana, em quem maltrata. Também em quem nos dá medo.

➡ **ILUMINAR A NOSSA VIDA**

 Com a Bíblia na mão narrar com suas palavras o Evangelho de Mt 8,23-26.

Jesus ainda estava em Cafarnaum, uma cidade que ficava à beira de um grande lago chamado "Lago da Galileia", onde um grupo grande de pessoas o seguiam e onde ele encontrou pessoas de muita fé e curou pessoas doentes. Ao entardecer Jesus deu ordem para passar para a outra margem do lago (Mt 8,18). Os discípulos o acompanharam até o barco e começaram a travessia. E veio uma grande tempestade que ameaçava derrubar o barco e já o enchia de água, deixando os discípulos com muito medo. Jesus dormia no barco. Os discípulos foram acordá-lo e pediram para que ele salvasse a todos. E Jesus disse a eles: "Por que este medo, homens de pouca fé?" (Colocar a ficha ao redor da Bíblia.) Então ele se levantou e repreendeu o vento e o mar e a tempestade passou.

O que será que este texto quer nos dizer? (Ouvir.) Jesus convida os discípulos sempre a passar para a "outra margem", ou seja, viver sempre em travessia, se modificando. Isto nos faz pensar que ir para a outra margem, tal como aparece no texto é um convite a não ficar parado, a crescer, a não ser egoísta, a não exigir que tudo seja do jeito que quero, na hora que quero. É um convite a caminhar, a buscar, a ser melhor.

Jesus está conosco no barco da nossa vida, não nos abandona. No meio dos ventos fortes e do mar agitado de nossa vida, ou seja, no meio da angústia, insegurança e medos no dia a dia de nossa vida, Jesus caminha conosco e nos diz: "Não tenhas medo". Ele é nosso companheiro e nos guia, nas tempestades, nos momentos difíceis da vida. Ele é Deus conosco. Crer é ter fé em Jesus. Crer é confiar. Fé é confiar. (Colocar a ficha com a palavra próximo a Bíblia.) A fé consiste em uma atitude de confiança amorosa e confiamos em Jesus, porque sabemos que Ele nos ama e merece todo o nosso amor.

A vida da gente não é isenta de tempestades, ou seja, de momentos difíceis, mas ainda assim, precisamos navegar, seguir adiante, com a firme certeza de que Jesus nos conduz e quer o melhor – só o melhor – para nós. É a fé que nos move a "remar", ou seja, a agir e viver com confiança, na certeza de que Jesus já está conosco no barco de nossa vida. A fé nos dá coragem, nos faz superar o medo. Em Jesus podemos confiar de olhos fechados.

Música: Dentro de mim (Pe. Zezinho).

➡ NOSSO COMPROMISSO

Estar na catequese é um jeito de caminhar interiormente, de crescer na fé, na confiança em Jesus e enfrentar nossos medos e inseguranças. Jesus que é o Senhor da nossa vida, o Filho de Deus. Para crescer na fé, precisamos estar sempre em contato com Jesus ou o medo e a insegurança nos dominam. A proposta de compromisso, hoje, é continuar participando da catequese, participar com alegria. Assim, conheceremos melhor Jesus em quem depositamos toda a nossa confiança. Vocês topam?

➡ CELEBRAR O NOSSO ENCONTRO

Em silêncio e sentados, vamos fechar os olhos. Jesus está aqui conosco, toma a nossa mão e convida a caminhar com Ele. Diga que você confia nele. Sinta que Ele te olha com imenso amor. Diga a Ele que você também o ama. Ele vai gostar muito de ouvir. (Fazer um minuto de silêncio.)

Agora, em pé, vamos dizer a Jesus (a oração também se encontra no livro do catequizando):

1. Querido Jesus, faz-nos trilhar, o caminho do Teu amor. Esse amor que nos aceita e que abraça o que somos e o que não somos ainda, que é capaz de amar apesar de nossa indiferença.

Todos: Fica conosco, Senhor!

2. Guia-nos, Senhor Jesus, nas horas mais escuras, nas tempestades deste mundo. Queremos ser Tua Luz de amor para as pessoas que vivem no medo, na dúvida, na discórdia.

Todos: Fica conosco, Senhor!

3. Querido Jesus aumenta em nós a confiança no Teu amor. Renova nossa vida e as nossas famílias.

Todos: Fica conosco, Senhor!

4. Transforma-nos, Senhor Jesus, em testemunhas da Tua bondade, fraternidade e mansidão neste mundo tão carente de amor.

Todos: Fica conosco, Senhor!

Rezemos a oração que Jesus nos ensinou e peçamos que venha o seu Reino de amor.

Pai nosso...

➡ **NO LIVRO DO CATEQUIZANDO**

- Orientar as atividades do livro.

➡ **NA NOSSA FAMÍLIA**

- Conte para sua família o que descobriu no encontro de hoje.
- Telefone para uma pessoa que está precisando de uma palavra de ânimo, de confiança em Deus.

23 — Amar a vida

Eu vim para que tenham vida e a tenham em abundância. (Jo 10,10b)

Objetivos do encontro

- Perceber que ser criança, brincar, ter amigos, viver com alegria, apesar dos medos e dificuldades que fazem parte da vida, já é participar do Reino de Deus.

- Compreender que Deus nos criou para a felicidade, para a vida plena e viver com alegria, esperança e amor é a maneira mais bonita de ser amigo de Deus.

O Catequizando precisa perceber que nossa vocação é viver a vida em plenitude, com alegria a cada dia, mesmo em meio às dificuldades que surgem, assim estaremos realizando o Reino de Deus.

Material necessário

- Providenciar o filme "O pequeno Nicolau" (Laurent Tirard, França, 2010), que pode ser encontrado na internet. Dedicar um encontro somente para assistir o filme. (Combinar como e onde será.)

- Providenciar pipoca para as crianças durante a exibição do filme.

Preparação do ambiente

- Colocar uma toalha bonita no chão, no centro do local do encontro, Bíblia aberta, flores e vela acesa.

- Cadeiras dispostas em círculo, ao redor da toalha.

PASSOS DO ENCONTRO

➡ OLHAR A NOSSA VIDA

Após assistir ao filme "O pequeno Nicolau" (Laurent Tirard, França, 2010), iniciar a conversa sobre o filme num outro dia de encontro.

> O filme que assistimos conta a história do menino Nicolau, envolvido numa séria questão: sua mãe irá lhe dar um irmão e ele não quer. Convoca, então, os seus amigos para a resolução do problema, envolvendo-se, todos, em situações muito engraçadas. Nicolau tem medo de "perder" a preferência dos pais. Muito tempo depois descobre que sua mãe não irá lhe dar o irmão imaginado. Muda de ideia e acha o máximo ter um irmão. Quando nasce o bebê, é o fim do mundo: uma menina, coisa muito esquisita. Preferia ter ganhado um cachorro.

O que mais gostaram no filme? (Ouvir.) O Nicolau é igual a todas as crianças: tem medos, tem amigos verdadeiros, tem problemas na escola e não sabe o que irá fazer da vida. Podemos dizer que Nicolau é uma criança feliz e se diverte muito com os amigos? (Ouvir.) Com este filme vemos como é bom ser criança, brincar, ter amigos, viver com alegria, apesar dos medos e dificuldades que fazem parte da vida.

Duas observações:

1. Se o grupo conseguir assistir ao filme, explorar os sentimentos vividos, pelo personagem Nicolau e seus amigos.
2. Se o grupo não conseguir assistir juntos o filme proposto utilize o texto abaixo para começar o encontro. Peça para que leiam o texto em grupos e partilhem o que se pede no livro do catequizando.

    "Amar a vida requer todo dia muita coragem. Muita.
    Essa ousadia de acordar, ver e sentir tudo.

Esse espanto quando a maioria das pessoas estranha mais o carinho do que a indelicadeza.
Esse desejo de que ninguém sofra por nada, porque se sabe como dói ser magoado.
Essa angústia que aparece, às vezes, quando se quer aliviar o sofrimento de quem se ama.
Essa vontade de rir, mesmo quando o coração está sofrendo.
Esse impulso de correr e pular de alegria porque alguém sorriu carinhosamente pra mim.
Essa sensação de ser estranho, de ser meio diferente, quando os amigos não compreendem porque se quer ajudar quem nos causou sofrimento.
Amar a vida exige muita coragem. Muita. Todo dia." (Lucimara Trevizan, 2019)

➡ ILUMINAR A NOSSA VIDA

📖 Com a Bíblia na mão narrar o Evangelho de Jo 10,10b-11.

O que vimos em todos os encontros e hoje especialmente é que Jesus quer que todos vivam plenamente, ou seja, com alegria, com amor. Sabemos que na época de Jesus os pastores guardavam, protegiam os rebanhos nos campos. Jesus diz que Ele é o bom pastor que cuida de suas ovelhas, não as abandona se aparece um lobo, ou seja, uma dificuldade. Ele quer que todos tenham vida plena.

Quando nos aproximamos de Jesus e nos identificamos com Ele a vida muda de sentido. Vimos que o caminho da vida verdadeira apontado por Jesus é o da simplicidade, da partilha, da bondade, da fraternidade, ou seja, é o caminho do amor. Que mais? (Ouvir). Por isso, Jesus defende a vida dos que tiveram sua vida machucada, ferida pelo abandono, pela miséria, pela doença, pela solidão.

Amar a vida é uma tarefa que irá durar a vida toda. A vida é cheia de possibilidades, mesmo que pareça que o nosso problema é muito difícil. Somos chamados a cultivar a vida com paciente humildade como um jardineiro faz no seu jardim. O jardineiro trabalha de sol a sol, mas sabe que a rosa irá florescer sem ele saber como. Felizes aqueles que, em relação à vida, se nutrem do espanto, da surpresa que todos os dias nos reservam.

As experiências de alegria nos dão a capacidade e a esperança para suportar os momentos difíceis. E os momentos em que nos sentimos tristes, com algum desafio a contornar, nos dão resistência e força para vivermos com mais sabedoria. Precisamos afastar de nós o mau humor, a raiva e aceitar que tudo é dom, que tudo o que vivemos, seja alegria ou dor, nos fazem melhores.

Deus nos criou para a alegria, para a felicidade. Mas, o ser humano se desviou do caminho da vida feliz. Imaginou que a felicidade estava em outro lugar, passou a destruir, a matar, a querer ganhar sempre, a acumular coisas. Mas, Deus não desiste de nós e enviou Jesus, seu próprio Filho para nos lembrar que seu desejo é que vivamos em plenitude. Então, viver a vida com alegria, com esperança e amor é a maneira mais bonita de ser amigo de Deus e de Jesus. E não podemos esquecer que Deus está conosco, não nos abandona.

➡ NOSSO COMPROMISSO

Cite três atitudes que você irá assumir para viver com mais alegria e amor a cada dia.

Dar tempo para a atividade que será feita no livro do catequizando.

➡ CELEBRAR O NOSSO ENCONTRO

Pedir que cada um diga os seus compromissos, e após, que todos repitam juntos:

Todos: Senhor, ajuda-nos a viver a vida com alegria e amor!

Rezemos juntos (a oração se encontra também no livro do catequizando)**:**

Senhor, Deus de bondade, eu Te agradeço pela vida!
Ando sem perceber que cada dia esconde belezas.
Eu te agradeço quando me desafia a ter grandes sentimentos,
a superar o medo, a ter paciência comigo e com as pessoas.
Espero saborear a vida a cada passo e conto com sua ajuda,
Sobretudo quando a tristeza chegar.
Ajuda-me a ser capaz de caminhar pela estrada da alegria,
sempre decidido(a) a optar pelo Amor. Amém.

Abraço da Paz.

➡ **NO LIVRO DO CATEQUIZANDO**

- Orientar as atividades do livro.

➡ **NA NOSSA FAMÍLIA**

- Conte em casa as atitudes que você assumiu para viver com alegria e amor. Peça ajuda deles para conseguir realizar o que você se propôs.
- Convidar os pais para celebração no próximo encontro.

Celebração

24 Caminhamos na estrada de Jesus!

Ele começou a ver de novo e pôs-se a segui-lo pelo caminho. (Mc 10,52b)

Objetivos da Celebração

- Celebrar o tempo vivido na descoberta de Jesus, o Deus Conosco.
- Encerrar uma etapa de caminhada seguindo os passos de Jesus.

Material necessário

- Escolher algum material que foi produzido pelos catequizandos ao longo dos encontros.
- Escolher os catequizandos que irão fazer leituras durante a celebração.
- Preparar faixas com os títulos dos temas dos encontros que definiram os passos da caminhada.
- Sandálias ou chinelos.
- Três velas.

Preparação do ambiente

- Colocar uma toalha sobre a mesa com a Bíblia aberta, flores e algum material produzido pelos catequizandos ao longo dos encontros.
- Sandálias ou chinelos no chão próximo a mesa.
- Colocar almofadas e/ou banquinhos ao redor da toalha para que os participantes se assentem. (Prever convidados: pais, padrinhos e irmãos.)

PASSOS DA CELEBRAÇÃO

1. Acolhida

Catequista: Em nome do Pai, do Filho e do Espírito Santo!

Todos: Amém.

Catequista: É uma alegria acolher a cada um de vocês. Queremos celebrar, dar graças a Deus, por este tempo que caminhamos juntos com Jesus. Caminhamos por três momentos especiais, vamos recordá-los.

2. Passos da caminhada

➡ **PRIMEIRO PASSO – O COMEÇO DE UM NOVO TEMPO**

(Acende-se a primeira vela)

Leitor 1: Demos os primeiros passos, descobrindo a alegria de sermos companheiros de caminhada, de ter ao nosso lado alguém que nos apoia e participa dos mesmos sonhos. Percebemos que nos completamos uns com os outros, que ensinamos e aprendemos com nossos companheiros.

Todos: Com Jesus, somos companheiros de caminhada!

Leitor 2: Aprendemos a reconhecer Jesus na simplicidade da vida. Descobrimos que Ele pode ser encontrado em lugares inesperados e surpreendentes. E para isso precisamos estar com a mente e o coração prontos para acolhê-lo e sentir sua presença. Descobrimos Jesus, o maior presente de Deus para nós.

Todos: Com Jesus, somos companheiros de caminhada!

➡ SEGUNDO PASSO – A PROPOSTA DE JESUS: O REINO DE DEUS

(Acende-se a segunda vela)

Catequista: Nossa caminhada continuou ouvindo Jesus falar sobre o Reino de Deus.

Leitor 3: Conhecemos a equipe de Jesus e sua proposta de felicidade para todos os bem-aventurados de Deus. Descobrimos que Jesus nos convida a fazer parte de sua equipe e que, responder sim ao convite de Jesus é uma escolha pessoal.

Todos: Senhor Jesus, venha a nós o teu Reino de amor!

Leitor 4: Ouvimos as histórias sobre o Reino de Deus contadas por Jesus. Reconhecemos o Reino de Deus em nosso meio e sentimos desejo de anunciá-lo a todos.

Todos: Senhor Jesus, venha a nós o teu Reino de amor!

Leitor 5: Com Zaqueu, descobrimos que no Reino de Deus tem perdão. Jesus nos revela, mais de uma vez, o seu grande amor por nós, sempre nos acolhendo, misericordiosamente, oferecendo o seu perdão e se fazendo presença em nossa vida.

Todos: Senhor Jesus, venha a nós o teu Reino de amor!

Leitor 6: Jesus nos diz que, todos que fazem a vontade do Pai, são seus irmãos e suas irmãs. Ele nos ensinou a oração do Pai-nosso, que é a oração do Reino de Deus, quando todos chamamos Deus de Pai.

Todos: Senhor Jesus, venha a nós o teu Reino de amor!

➡ TERCEIRO PASSO – A VIDA DE JESUS EM NOSSA VIDA

(Acende-se a terceira vela)

Catequista: Jesus nos convida a ser seus seguidores.

Leitor 7: Descobrimos que seguir Jesus é ser fraterno, é partilhar, é preservar a natureza e amar a vida, acima de tudo. Assim, colaboramos na construção do Reino de Deus.

Todos: Jesus é o caminho, a verdade e a vida!

Leitor 1: Conhecemos algumas testemunhas de Jesus, sua coragem, seu amor, sua fé em Jesus. Descobrimos que, ser testemunha de Jesus não é apenas dizer o que Jesus fez em sua vida. Testemunhar Jesus é viver de tal maneira que as pessoas vejam Jesus em nós. É atender ao pedido d'Ele: "Amem-se uns aos outros, como eu amo vocês"! (Cf. Jo 15,12)

Todos: Jesus é o caminho, a verdade e a vida!

3. **Proclamação da Palavra**

Canto de aclamação.

Evangelho: Mc 10,46-52

Catequista: Certo dia, quando Jesus estava saindo da cidade de Jericó, acompanhavam-no os discípulos e uma grande multidão. O cego, Bartimeu, filho de Timeu, estava sentado à beira do caminho. Ouvindo que era Jesus Nazareno, começou a gritar:

Bartimeu: "Jesus, Filho de Davi, tem compaixão de mim".

Catequista: Muitos o repreendiam para que se calasse. Mas ele gritava ainda mais alto:

Bartimeu: "Filho de Davi, tem compaixão de mim".

Catequista: Jesus parou e disse:

Jesus: "Chamai-o!"

Catequista: Eles o chamaram, dizendo:

Discípulo: "Coragem, levanta-te! Ele te chama!"

Catequista: O cego jogou o manto fora, deu um pulo e se aproximou de Jesus. Este lhe perguntou:

Jesus: "Que queres que eu te faça?"

Catequista: O cego respondeu:

Bartimeu: "Mestre, que eu veja".

Catequista: Jesus disse:

Jesus: "Vai, tua fé te salvou".

Catequista: No mesmo instante, ele recuperou a vista e foi seguindo Jesus pelo caminho".

Reflexão

Bartimeu queria ver de novo e deu um salto na fé. Podemos partilhar brevemente se esse caminho feito com Jesus na catequese ajudou a "abrir os olhos", a enxergar melhor a vida e o projeto de Dele? (Ouvir.)

Bartimeu vive a experiência de uma profunda "travessia": de cego e sentado à beira da estrada pedindo esmola à recuperação da vista para seguir Jesus pelo caminho. Entendendo o que aconteceu com Bartimeu, podemos dizer que esse tempo de caminhada na catequese nos ajudou a ser corajosos seguidores de Jesus? (Ouvir.)

4. Compromisso

Catequista: A cada encontro de catequese, Jesus se apresentou a nós e fomos descobrindo quem é Ele. Demos passos no caminho do amor, o caminho de Jesus. Levantando a mão direita na direção da Palavra de Deus, digamos juntos:

Todos:

Querido Jesus, queremos ser teus seguidores, anunciar o teu evangelho de amor.
Encha nossa vida com tua ternura e mansidão.
Faz de nós, testemunhas da tua bondade e misericórdia. Amém.

Catequista: De mãos dadas, vamos rezar a oração das testemunhas de Jesus.

Pai nosso...

5. Bênção final

Catequista: Abençoe-nos ó Deus cheio de bondade e misericórdia: o Pai, o Filho e o Espírito Santo. Amém!

Motivar o abraço da Paz.

Anexos

ANEXO 1

Campanha da Fraternidade

Amem-se uns aos outros. (Jo 15,12b)

Objetivos do encontro

- Reconhecer que a Igreja procura viver a fraternidade com atitudes de ajuda mútua e apoio solidário uns aos outros.

- Compreender que, se chamamos Deus de Pai, somos todos irmãos e é assim que devemos conviver.

Este encontro irá mostrar, ao catequizando, qual é a proposta da Igreja na Campanha da Fraternidade deste ano.

Material necessário

- Cartaz da Campanha da Fraternidade (CF).

- Subsídio da CF de encontros para a catequese com crianças e adolescentes. Este subsídio possui mais de uma sugestão de encontro catequético para trabalhar o tema da CF com crianças e adolescentes. Utilizar as sugestões propostas que melhor se adequarem à realidade.

Preparação do ambiente

- Uma mesa com uma toalha bonita, Bíblia aberta, flores, vela acesa, material da CF.

- Prender, à frente da mesa, o cartaz do ano vigente.

- Dispor as cadeiras em semicírculo, à frente da mesa.

PASSOS DO ENCONTRO

➡ OLHAR A NOSSA VIDA

D. Cleusa tem um filho de 10 anos. Certa vez, ele precisou de uma cirurgia cara, que D. Cleusa não podia pagar. A autorização da cirurgia pelo SUS tinha uma fila enorme e seu filho estava sofrendo muito. Então, os amigos de D. Cleusa resolveram fazer uma campanha para conseguir o dinheiro necessário para a cirurgia. Muita gente colaborou com a campanha e, assim, o filho de D. Cleusa pode fazer a cirurgia, mais rápido, e hoje ele está recuperado e bem de saúde junto de sua família. Tudo foi possível, graças à generosidade de quem foi solidário com aquela família.

Os amigos de D. Cleusa fizeram uma campanha para ajudá-la, num momento de dificuldade. Vocês sabem o que é uma CAMPANHA? (Mostrar a ficha com a palavra e ouvir.) Campanha é uma ação que se faz em favor de alguém ou alguma coisa. Essa ação pode ser de ajuda, como foi o caso de D. Cleusa ou de realizar alguma tarefa, com um grande número de pessoas, como as campanhas de vacinação.

Vocês, ou sua família, já participaram de alguma campanha? Qual? (Ouvir.) A nossa Igreja promove campanhas? (Ouvir.) Muitas, não é? Vocês sabem de uma grande campanha que a nossa Igreja faz, uma vez por ano, durante a quaresma? Como é o nome dela? (Ouvir.) É a Campanha da Fraternidade, que acontece no Brasil inteiro. É um tempo em que a nossa Igreja nos convida a refletir sobre algum tipo de realidade do nosso povo que precisa de nossa ação fraterna, ou seja, de buscar meios de ajudar. Ela é diferente a cada ano. Somos convidados a participar de coração e alma. Você já participou alguma vez? (Ouvir.)

➡ ILUMINAR A NOSSA VIDA

Observem o cartaz da campanha deste ano, preso à frente da mesa. No cartaz, podemos ler o nome da campanha. Qual é? (Ouvir.) É Campanha da Fraternidade. Este nome se dá porque Jesus pede: "... Amem-se uns aos outros..." (Jo 15, 12b). Ele nos pede que nos amemos como irmãos. E a palavra fraternidade quer dizer "irmandade, solidariedade de irmãos".

Será que no cartaz tem o ano da campanha? (Ouvir e mostrar.) Qual é o assunto dessa campanha, de que ela trata? (Ouvir e mostrar o tema.) Tem uma frase no cartaz? (Ouvir e mostrar o lema, explicando que é uma frase da Bíblia e o que ela significa em relação ao tema e lema da campanha.) Se for possível aprofundar com o conteúdo do subsídio da CF para a catequese com crianças e adolescentes.

Toda CF tem um hino, uma música. (Ver possibilidade de ensinar, pelo menos, o refrão.)

➡ NOSSO COMPROMISSO

Escolher, com os catequizandos, um compromisso simples e possível de ser realizado por eles, de acordo com o lema da CF do ano. Observe as sugestões do subsídio da CF para crianças e adolescentes.

➡ CELEBRAR O NOSSO ENCONTRO

Agora, vamos rezar a oração que toda a Igreja do Brasil irá rezar, durante o tempo da CF, ou seja, toda a Quaresma. (Se possível, explicar a Oração da CF do ano, numa linguagem simples, própria dos catequizandos. Colocar a oração num cartaz ou projetar no Datashow.)

➡ NO LIVRO DO CATEQUIZANDO

- Orientar as atividades do livro.

➡ NA NOSSA FAMÍLIA

- Perguntar em casa o que sabem sobre a Campanha da Fraternidade deste ano.

ANEXO 2

Celebração

Maria: Alegria de amar e servir!

Fazei tudo o que ele vos disser. (Jo 2,5)

Objetivos da celebração

- Demonstrar o nosso carinho à mãe de Jesus e nossa mãe.
- Compreender que a missão de todo cristão é escutar e colocar em prática o Evangelho de Jesus.

Material necessário

- Uma imagem de Nossa Senhora.
- Providenciar a música "Me empresta teu coração" (Pe. Zezinho – CD Deus é Bonito, Paulinas-Comep). A música pode ser encontrada na internet. Se possível providenciar para que todos tenham acesso à letra para cantar (cartaz, Datashow, impressão...).
- Faixa com a frase: "Fazei tudo o que ele vos disser".

Preparação do ambiente

- Colocar sobre a mesa, a imagem de Nossa Senhora, Bíblia aberta, flores naturais, uma vela acesa.
- Dispor as cadeiras em círculo ao redor da mesa.
- Colocar a Faixa com a frase embaixo da Bíblia.

PASSOS DA CELEBRAÇÃO

1. Acolhida

Catequistas: Sejam todos bem-vindos! Maio é o mês dedicado a Maria, mãe de Jesus. E Jesus nos deu sua mãe para ser nossa mãe também. Essa mãe é tão querida, mas tão querida, que a chamamos carinhosamente de Nossa Senhora e também com muitos outros nomes e títulos.

Em nome do Pai..
Todos: Amém!

2. Proclamação da Palavra

Catequista: Vamos ouvir atentamente um trecho do Evangelho onde Jesus, já adulto, foi numa festa de casamento e sua mãe também. Vejamos o que acontece e qual foi a atitude de sua mãe.

Canto de aclamação.

📖 Com a Bíblia na mão narrar o Evangelho Jo 2,1-11.

Reflexão

Todos que "estavam" no casamento, em Caná, não perceberam que "estava faltando vinho". Só a Mãe de Jesus foi capaz de perceber que a festa iria terminar mal. E sai em defesa dos recém-casados, que também não estavam inteirados da situação. Graças a ela, aquilo que poderia terminar em um problema, converteu-se em festa. O vinho aqui é símbolo da alegria, da festa que todos têm direito a viver.

Maria com sua atitude preocupada para que não falte vinho demonstra que como mãe quer que todos tenham o melhor, ou seja, que todos tenham alegria em sua vida vivam bem, em comunhão.

A recomendação da mãe de Jesus aos servos "Fazei o que Ele vos disser" é também uma recomendação para todos nós, hoje. Essas palavras representam a herança que Maria nos deixa que é: amar e servir o seu filho Jesus. Isto significa escutar e colocar em prática a sua Palavra a acolher e escutar a boa notícia que é o Evangelho de Jesus.

3. Rezemos juntos

Catequista: Maria é muito querida por todos os que amam o seu filho Jesus. E os cristãos ao longo dos séculos, deram à mãe de Jesus muitos nomes, que são maneiras carinhosas de expressar a admiração por ela e pedir sua companhia e proteção em todas as situações.

Vamos olhar para a imagem de Maria que temos aqui. Ela é como uma fotografia que lembra a mãe de Jesus. Rezemos uma pequena ladainha (preces) invocando Maria, com alguns nomes que ela recebeu e todos repetem: **Rogai por nós!**

> *Nossa Senhora das Dores, rogai por nós!*
> *Nossa Senhora Aparecida, rogai por nós!*
> *Nossa Senhora do Perpétuo Socorro, rogai por nós!*
> *Nossa Senhora da Boa Viagem, rogai por nós!*
> *Nossa Senhora do Bom Conselho, rogai por nós!*
> *Nossa Senhora da Alegria, rogai por nós!*
>
> *Peçamos a Maria que nos acompanhe na catequese e na vida de cada dia, peçamos também por todas as mães, rezando juntos a Ave Maria...*

Música: Me empresta teu coração (Pe. Zezinho – CD Deus é Bonito, Paulinas-Comep) ou outro canto a escolher.

4. Bênção final

Catequista: O Senhor esteja com vocês:

Todos: Ele está no meio de nós.

Catequista: Por intercessão de Maria, mãe de Jesus, que Deus nos abençoe em seu amor de Pai, Filho e Espírito Santo.

Todos: Amém!

(Motivar o abraço da paz)

ANEXO 3

Celebração

A Palavra de Deus é luz!

Não se vive somente de pão, mas de toda palavra que sai da boca de Deus. (Mt 4,4)

Objetivos da celebração

- Celebrar a Palavra de Deus, no mês da Bíblia.
- Compreender a Bíblia como alimento e luz para os caminhos da vida.

Material necessário

- Exemplares diferentes da Bíblia (se possível).
- Providenciar fichas com nomes que a Bíblia recebe: Palavra de Deus, Sagradas Escrituras, Bíblia Sagrada. Distribuir a três catequizandos antes de começar a celebração.
- Um suporte para colocar a Bíblia, em destaque.
- Providenciar a letra dos cantos sugeridos ou escolher outros cantos para a celebração.

Preparação do ambiente

- Colocar sobre a mesa a Bíblia em lugar de destaque e enfeitar com flores naturais e uma vela acesa.
- Dispor as cadeiras em semicírculo, à frente da mesa, com um espaço, para passar a entronização da Bíblia.

PASSOS DA CELEBRAÇÃO

1. Acolhida

Catequista: "A graça do Senhor Jesus Cristo, o amor de Deus e a comunhão do Espírito Santo estejam com todos" (2Cor 13,13).

Todos: Bendito seja Deus que nos reuniu no amor de Cristo.

Catequista: Vamos ficar de pé, para a procissão com a Bíblia que será colocada, em destaque, em nosso meio. Enquanto a Bíblia é trazida, cantemos.

Música: Eu vim para escutar (Pe. Zezinho).

2. Proclamação da Palavra

Catequista: A Bíblia recebe outros nomes. Vamos conhecê-los. (Os catequizandos que estão com a fichas, um de cada vez, lê a sua e leva até o altar.)

Mas, afinal, o que é a Bíblia? (Ouvir e completar.) A Bíblia é uma carta de amor de Deus, para o seu povo. Ela é um conjunto de livros. A Bíblia contém a Palavra de Deus para nós, escrita por diversas pessoas, que viveram a sua experiência com Ele.

Leitor 1: Muito se fala sobre a Bíblia e seu conteúdo. Vamos saber um pouco o que encontramos sobre isso. Comecemos com São Paulo, apóstolo de Jesus, que fala assim dela:

Todos: "Toda a Escritura Sagrada é iluminada por Deus e útil para ensinar a verdade, condenar o erro, corrigir as faltas e ensinar a maneira certa de viver" (2Tm 3,16).

Leitor 2: A Bíblia é formada de muitos livros, um deles, chamado Provérbios nos diz:

Todos: "Tudo o que Deus diz é verdade. Ele é como um escudo para todos os que procuram a sua proteção" (cf. Pr 30,5).

Leitor 3: Outro livro, o do profeta Isaías, diz:

Todos: "A erva seca, murcha a flor, mas a palavra do nosso Deus permanece para sempre" (Is 40,8).

Leitor 4: O próprio Jesus nos diz no Evangelho de Lucas:

Todos: "Felizes são os que ouvem a Palavra de Deus e a põem em prática" (Lc 11,28).

Catequista: Nos últimos meses, aprendemos muitas coisas com Jesus, por meio do seu Evangelho. Vamos lembrar algumas.

Todos: "Aquele que fizer a vontade Deus, esse é meu irmão, minha irmã e minha mãe" (Mc 3,35).

Leitor 5: "O amor é paciente, não é invejoso, tudo desculpa, tudo crê, tudo espera" (cf. 1Cor 13,4a.7).

Catequista: Jesus nos ensinou que devemos acolher e cuidar de todos, como se fosse ele mesmo:

Todos: "...todas as vezes que fizestes isso a um dos menores de meus irmãos, foi a mim que o fizestes" (cf. Mt 25,40).

Canto de aclamação.

📖 Com a Bíblia na mão ler o Evangelho de Mt 4,4.

Reflexão: A Bíblia Sagrada é o mais importante livro dos cristãos. No entanto, nem todas as pessoas a conhecem e nem têm a consciência que a Bíblia contém a Palavra de Deus, viva e eficaz, isto é, Palavra que transmite o amor de Deus para nós. É importante lembrar que Deus continua nos falando através da natureza, das pessoas e da Bíblia e é preciso saber olhar, escutar, compreender e responder ao que Deus nos fala. A Palavra de Deus nutre nossa vida com a confiança de que Deus caminha conosco em todos os caminhos.

Pedir que, em duplas, escolham um versículo desta celebração que mais gostaram ou chamou sua atenção e digam por que o escolheram. Após um tempo suficiente, pedir que cada dupla partilhe o texto escolhido e comente por que o escolheram.

3. Rezemos juntos

Pedir que cada catequizando vá até a Bíblia, coloque sua mão sobre ela e diga: **Senhor, que a Tua Palavra ilumine os caminhos da minha vida!**

Rezemos:

> *Querido Jesus, que tua Palavra ilumine nossa vida,*
> *sobretudo nas situações de egoísmo, de inveja, de falta de paciência, de falta de diálogo.*
> *Desejamos aprender a amar do teu jeito, com sinceridade, paciência, desculpando tudo e todos.*
> *Ajuda-nos a ver em cada pessoa, o teu rosto e, assim ajudar a cuidar uns dos outros, como tu cuidas de mim.*
> *Queremos partilhar a vida, os dons, também o que temos com aqueles que mais precisam de ajuda.*
> *Contamos com o teu amor e a tua graça. Amém!*

Rezemos de mãos dadas a oração que Jesus nos ensinou.

Pai nosso...

Música: Palavra de Salvação (CD Palavra de Deus em Canção) ou outra a escolha.

Abraço da Paz.

ANEXO 4

Celebração da Páscoa

Jesus Ressuscitou. Ele vive!

Ele ressuscitou! Não está aqui! (Mc 16,6c)

Objetivo da celebração

- Celebrar a Páscoa, a ressurreição de Jesus, acontecimento central na vida cristã.

Material necessário

- Providenciar a música: É Páscoa, que Alegria! (Ir. Míria T. Kolling) que pode ser encontrada na internet. Prever para que todos tenham acesso à letra para cantar (cartaz, Datashow, impressão...).
- Uma vela de tamanho maior (onde for possível pode ser o próprio Círio Pascal).
- Uma cruz.
- Tiras de papel com palavras que expressem situações de morte: egoísmo, maldade, mentira, guerra, fome... e situações de vida nova: amor, bondade, verdade, paz, alimento para todos...

Preparação do ambiente

- Colocar sobre a mesa uma toalha, uma vela grande, cruz e flores, a Bíblia aberta.
- Dispor as cadeiras ao redor da mesa.

PASSOS DA CELEBRAÇÃO

Catequista: Vamos nos abraçar, acolhendo a cada um, com alegria, dizendo: Seja bem-vindo!

Em nome do Pai, do Filho e do Espírito Santo. Amém.

Todos: Bendito seja Deus que nos reuniu no amor de Cristo!

4. Ouvir e meditar a Palavra

Catequista: Estamos conhecendo um pouco mais de Jesus no caminho que percorremos com Ele nos encontros catequéticos. Para nós cristãos o acontecimento mais importante, é a Ressurreição de Jesus. Ele foi crucificado e morto, apesar de só fazer o bem e amar a todos. Mas, Deus o Ressuscitou. Páscoa é a Passagem da morte para a vida, é a Ressurreição de Jesus. Nosso Deus é o Deus da vida.

Todos: "Mas o Senhor é verdadeiramente Deus, ele é o Deus vivo..." (Jr 10,10)

Catequista: Jesus, o Filho de Deus, amou a todos, defendeu a vida, apresentou o Reino de Deus, que é um mundo de fraternidade, justiça, alegria, felicidade, onde todos são irmãos. Isso incomodou muita gente e Jesus foi crucificado e morto. Mas Deus o ressuscitou.

Canto de aclamação.

Com a Bíblia na mão narrar o Evangelho de Mc 16,1-6, como segue:

Era ainda de madrugada, no domingo após a morte de Jesus, quando algumas mulheres foram ao túmulo para embalsamar seu corpo. Ao chegar, a pedra do túmulo havia sido removida e não encontraram o corpo de Jesus. Um jovem sentado ao lado do túmulo diz a elas: Ele ressuscitou! Não está aqui!

A vida venceu a morte. Jesus ressuscitou, passou da morte para a vida. Nosso mundo tem muitas situações de morte. Vamos lembrar algumas delas (colocar as fichas com situações de morte de um lado da cruz). O perigo é nos acostumarmos com essas situações e achar normal. Mas há também muitas situações de Vida Nova. Vamos lembrar algumas (colocar as fichas com situações de superação, de vida nova no outro lado da cruz). Celebrar a Páscoa é acreditar que Jesus vive e que a vida sempre vence a morte. A ressurreição de Jesus traz uma luz para nossa vida e a certeza de que a morte, a dor, o sofrimento não irá vencer, porque nosso Deus é o Deus da vida e Jesus venceu a morte. É Páscoa quando amamos, perdoamos, somos amigos, ajudamos alguém a sorrir de novo. É Páscoa quando anunciamos Jesus, que é luz na nossa vida.

Música: É Páscoa, que Alegria! (Ir. Míria T. Kolling) ou outra.

5. Viver como Ressuscitados!

Catequista: Precisamos ser sinais de vida, para trazer a Páscoa sempre presente, vencendo toda a morte. Ser sinal de vida é escolher o BEM.

Todos: Senhor, ajuda-nos a escolher sempre o bem!

Leitor 1: Quando escolhemos a mentira, escolhemos uma forma de morte. A mentira mata a confiança, o respeito para com a outra pessoa. Para viver, como ressuscitados, precisamos escolher a verdade, por mais difícil que seja. Escolher a verdade é escolher Jesus, que disse: "Eu sou o Caminho, a Verdade e a Vida" (Jo 14,6).

Todos: Senhor, ajuda-nos a escolher sempre a verdade!

Leitor 2: A fofoca é um tipo de morte. Quando eu a escolho, provoco brigas, desunião, humilho e destruo o nome das pessoas envolvidas. Quando escolho viver como ressuscitado, escolho o amor, que vem junto com a bondade e a compreensão dos sentimentos dos outros, procurando me colocar no lugar deles.

Todos: Senhor, ajuda-nos a escolher sempre o amor!

Leitor 3: A ofensa, muitas vezes, leva à mágoa, que é um tipo de morte. Mata a amizade, traz a dor e a tristeza para quem sente. Viver como ressuscitado é aprender a perdoar sempre. Quando perdoo, estou aceitando que o outro tem defeitos e fraquezas e eu o aceito assim mesmo. Também eu ofendo os outros.

Todos: Senhor, ajuda-nos a escolher sempre o caminho do perdão!

Leitor 4: O egoísmo e a ganância são sinais de morte. O egoísta pensa somente em si mesmo, coloca seus interesses em primeiro lugar, sem se preocupar com as necessidades do outro. Para viver a Páscoa, devo buscar a solidariedade, que vem com o amor doação, a amizade sincera e o companheirismo. Assim, a vida fica mais alegre e bonita.

Todos: Senhor, ajuda-nos a escolher sempre o caminho da solidariedade!

Rezemos:

Querido Jesus,
Quero viver como ressuscitado!
Quero ser amigo verdadeiro de todos, buscando amar a verdade, espalhando a alegria de viver.
Quero estar sempre pronto a perdoar e a não deixar a dor e a tristeza tomar conta de meu coração.
Quero escolher sempre a vida e tudo de bom que ela pode trazer: o amor, a paz, a amizade e a fraternidade.
Dá-me coragem de viver na luz do teu amor!

6. Abraço de Feliz Páscoa

Catequista: Vamos terminar este momento saudando os nossos colegas com o abraço de Feliz Páscoa!

ANEXO 5

Celebração de Natal

O amor veio morar entre nós!

Eu vos anuncio uma grande alegria: nasceu para vós o Salvador. (Lc 2,10b.11)

Objetivo da celebração

- Motivar a preparação para o Natal.

Material necessário

- Um presépio (Maria, José, menino Jesus, animais...).
- Providenciar três velas.
- Providenciar a música Noite Feliz. Prever para que todos tenham acesso à letra para cantar (cartaz, Datashow, impressão...).

Preparação do ambiente

- Colocar uma mesa no centro da sala e sobre ela uma toalha, a Bíblia aberta e o presépio.
- Dispor as cadeiras ao redor da mesa.

PASSOS DA CELEBRAÇÃO

1. Acolhida

Catequista: Em nome do Pai...

Vamos nos acolher com um abraço carinhoso, dizendo: Que bom que você veio! (Dar tempo para o abraço.) Ao contemplar a cena do nascimento de Jesus, percebemos que o amor de Deus por nós é imenso, a ponto de enviar o próprio Filho.

Todos: Senhor, também queremos ir a Belém e na manjedoura encontrar o Teu amor!

2. Proclamar a Boa Nova de Deus

Catequista: Natal é a festa de uma alegria sem igual. Deus vem nos encontrar. O Natal não é uma festa para dar presentes, mas é o acontecimento em que Deus se manifesta a nós, fez-se ver em Jesus.

Todos: O povo que andava nas trevas viu surgir uma grande luz! (Is 9,2)

(Acendem-se as três velas ao lado do presépio)

Canto de Aclamação.

📖 Com a Bíblia na mão narrar o Evangelho de Lc 2,1-12.

Catequista: A cena do nascimento de Jesus pede silêncio. Contemple Jesus na manjedoura. Olhando para o Menino Jesus que sentimento Ele desperta em nós? (Ouvir.) Como podemos ajudar as pessoas a encontrar esse o Menino Jesus? (Ouvir.)

3. O caminho do presépio

Catequista: Natal é a celebração de um Deus-menino que desperta muita ternura. Contemplar o rosto do Menino-Deus é, ao mesmo tempo, contemplar o que há de mais bonito no nosso coração: bondade, mansidão, ternura, misericórdia.

Todos: E o amor se fez criança e veio morar entre nós!

Catequista: Jesus veio ao mundo sem um lugar para nascer. Foi acolhido, de improviso, numa manjedoura, no comedouro dos animais, que Maria, sua mãe, na sua necessidade, viu como um berço. Deus torna-se criança, um recém-nascido, pequeno e necessitado do amor humano.

Todos: Na manjedoura está a nossa alegria!

Catequista: Deus veio habitar entre nós, caminha conosco. Escolheu a periferia de Belém e nasceu pequeno. Em Jesus, Deus assumiu a nossa humanidade e veio a nós como companhia, como presença, para não nos deixar sós! O caminho do presépio é o caminho do amor, da simplicidade, da confiança.

Todos: Ele é Emanuel, Deus conosco!

Música: Noite Feliz!

4. Rezar por um Natal de Amor

1. Deus de amor, inunda nossa vida, neste Natal, com tua simplicidade, humildade e ternura.

Todos: Senhor, ajuda-nos a escolher sempre o caminho do amor.

2. Deus de amor, transforma nossa família em lugar de carinho, amor, aconchego.

Todos: Senhor, ajuda-nos a escolher sempre o caminho do amor.

3. Deus de amor, que abraça no silêncio o grito dos mais pobres, dos que não têm lugar para viver. Dá a cada um de nós a capacidade de reconhecê-Lo nos outros e sermos sinais do Teu abraço.

Todos: Senhor, ajuda-nos a escolher sempre o caminho do amor.

Preces espontâneas...

5. Bênção Final

Catequista: Deus veio habitar entre nós, caminha conosco. Ele é o Menino Jesus. Sejamos portadores dessa boa notícia!

O Senhor esteja conosco.

Todos: Ele está no meio de nós.

Catequista: Que Deus nos abençoe em seu amor de Pai, Filho e Espírito Santo. Amém.

6. Abraço de Feliz Natal

REFERÊNCIAS

ALBERICH, E. *Catequese evangelizadora*: manual de catequética fundamental. São Paulo: Salesiana, 2004

Bíblia Sagrada. Petrópolis: Vozes, 2005.

BROSHUIS, I.; TREVIZAN, L. & GUIMARÃES, E. *O belo, o lúdico e o místico na catequese*. Belo Horizonte: O Lutador, 2014.

CONFERÊNCIA NACIONAL DOS BISPOS DO BRASIL. *Diretório Nacional de Catequese*. São Paulo: Paulinas, 2006 [Documento da CNBB, 84].

_____. *Iniciação à Vida Cristã*. Brasília: Edições CNBB, 2017 [Documentos da CNBB, 107].

DEL-FRARO FILHO, J. *Os obstáculos ao amor e à fé* – O amadurecimento humano e a espiritualidade cristã. São Paulo: Paulus, 2010.

GOPEGUI SANTOYO, J.A.R. *Experiência de Deus e catequese narrativa*. São Paulo: Loyola, 2010.

KONINGS, J. *Ser cristão* – Fé e prática. 5. ed. Petrópolis: Vozes, 2011.

MENDONÇA, J.T. *A leitura Infinita*: A Bíblia e a sua interpretação. São Paulo: Paulinas/Recife: Unicap, 2015.

MENDONÇA, J.T. *Pai-nosso que estais na terra*. São Paulo: Paulinas, 2017.

OLENIKI, M.L.R. & MACHADO, L.P.M. *O encontro de catequese*. 2. ed. Petrópolis: Vozes, 2000.

PORTER, E.H.P. Belo Horizonte: Autêntica, 2016.

Sugestões de músicas (CDs)

FABRETTI, Frei & SARDENBERG, M. *Os salmos das crianças*. Paulinas-Comep.

GRUPO MUSICAL IR. TECLA MERLO. *Vamos animar e celebrar*. Paulinas-Comep.

PATRÍCIO, Ir. Zélia. *A bonita arte de Deus 1*. Paulinas-Comep.

Pe. ZEZINHO. *Lá na terra do contrário e Deus é Bonito*. Paulinas-Comep.

_____. *Coisas que já sei*. Paulinas-Comep.

PEQUENOS CANTORES DE APUCARANA. *Encontro feliz e a festa dos amiguinhos de Jesus*. Paulinas-Comep.

_____. *A voz dos pequeninos*. Paulinas-Comep.

PEQUENOS CANTORES SANTUÁRIO SANTA EDWIGES-SP. *Sementinha 3 e 4*. Paulinas--Comep.

SARDENBERG, M. *Sementinha 1, 2*. Paulinas-Comep.

Sugestões de sites

www.catequesehoje.org.br – com indicações de conteúdos para a formação do catequista, sugestões de dinâmicas e recursos (músicas, filmes, poemas, vídeos e outros) para os encontros catequéticos.

www.catequesedobrasil.org.br – com indicações de conteúdos para a formação do catequista.

CULTURAL
Administração
Antropologia
Biografias
Comunicação
Dinâmicas e Jogos
Ecologia e Meio Ambiente
Educação e Pedagogia
Filosofia
História
Letras e Literatura
Obras de referência
Política
Psicologia
Saúde e Nutrição
Serviço Social e Trabalho
Sociologia

CATEQUÉTICO PASTORAL
Catequese
  Geral
  Crisma
  Primeira Eucaristia
Pastoral
  Geral
  Sacramental
  Familiar
  Social
  Ensino Religioso Escolar

TEOLÓGICO ESPIRITUAL
Biografias
Devocionários
Espiritualidade e Mística
Espiritualidade Mariana
Franciscanismo
Autoconhecimento
Liturgia
Obras de referência
Sagrada Escritura e Livros Apócrifos
Teologia
  Bíblica
  Histórica
  Prática
  Sistemática

REVISTAS
Concilium
Estudos Bíblicos
Grande Sinal
REB (Revista Eclesiástica Brasileira)

VOZES NOBILIS
Uma linha editorial especial, com importantes autores, alto valor agregado e qualidade superior.

PRODUTOS SAZONAIS
Folhinha do Sagrado Coração de Jesus
Calendário de mesa do Sagrado Coração de Jesus
Agenda do Sagrado Coração de Jesus
Almanaque Santo Antônio
Agendinha
Diário Vozes
Meditações para o dia a dia
Encontro diário com Deus
Guia Litúrgico

VOZES DE BOLSO
Obras clássicas de Ciências Humanas em formato de bolso.

CADASTRE-SE
www.vozes.com.br

EDITORA VOZES LTDA.
Rua Frei Luís, 100 – Centro – Cep 25689-900 – Petrópolis, RJ
Tel.: (24) 2233-9000 – Fax: (24) 2231-4676 – E-mail: vendas@vozes.com.br

UNIDADES NO BRASIL: Belo Horizonte, MG – Brasília, DF – Campinas, SP – Cuiabá, MT
Curitiba, PR – Fortaleza, CE – Goiânia, GO – Juiz de Fora, MG
Manaus, AM – Petrópolis, RJ – Porto Alegre, RS – Recife, PE – Rio de Janeiro, RJ
Salvador, BA – São Paulo, SP